LEYENDAS CON CANCIONES

Told in Spanish and English

Legends retold
Music and Lyrics
by
Patti Lozano

Illustrations
by
Carmen Plott

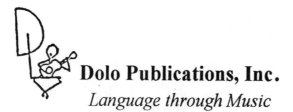

Dolo Publications, Inc.
Language through Music

Acknowledgement

Several individuals have been very instrumental in the creation of this book, and I want to express my heartfelt appreciation to them.

Thank you to my husband, Alberto, and my friend, Christina Nell, for editing and correcting the Spanish many times over. Thank you to Brenda Lozano for reviewing the Spanish stories one final time, to Millie Smaardyk for editing the English version and to Rose Al-Banna for designing the glossaries.

I also want to thank Carmen Plott for her beautiful illustrations which bring each legend vibrantly to life. Thank you to Bob Vestewig and Leo O'Neil for sharing their superb musicianship to help create the musical arrangements for my songs, as well as to Cindy Miller for her lovely flute accompaniment.

I must thank my sons, Ariel, Johnny and Jesse, who were eager to hear each story, although somewhat less enthusiastic to share me with the computer for countless hours.

Finally, I want to thank my mother, Renate Donovan, who, in addition to laboring over the glossaries, has lived and breathed each page of this book with me since its beginning. It's been fun!

Dolo Publications, Inc.
12800 Briar Forest Dr. #23
Houston, Texas 77077-2201
(281) 493-4552 or (281) 463-6694
FAX: (281) 679-9092
email dolo@wt.net

Storytelling and music...
Legends and folksongs...

The two genres are inseparable in the history of oral literature. The common people have always recorded their cultural identities, their historical milestones and the nuances and eccentricities of their daily lives in tales and songs. Teachers have long used both of these literary forms in their classrooms, in countless creative ways, in both first and second language instruction. *Leyendas con canciones* is unique in that it not only contains a collection of delightful legends, but also includes an original song composed to accompany and enhance each one of them.

About the legends...

The legends have been gathered from all corners of the Spanish speaking world, including the United States, Mexico, Central America, South America and Spain. Some stories are lighthearted, such as *"Tío Tigre y Tío Conejo,"* some are poignant and powerful, such as *"El Sombrerón,"* some reflect the depth of human emotions, such as *"Los Árboles de las Flores Blancas,"* and some attempt to explain the origin of plants or animals, such as *"La familia Real."*

All the tales are written in a congenial folk style, designed for readers who are beginning to feel at ease with the target language. They are presented first in Spanish, and later, in English. Although the stories in both languages are the same in plot and description, the sentences are not translated word for word. Each story is told in a smoothly flowing vibrant style suitable for that particular language.

Leyendas con canciones will appeal to different types of readers: students of Spanish, students of English, devotees of hispanic cultures and music lovers. The legends will be enjoyed both when read silently or aloud to a group. Many stories lend themselves to role playing, and all invite lively class discussion.

Both the Spanish and the English interpretations begin with a full-page, richly detailed illustration, designed for use as an instructional tool. The illustration may be discussed as a pre-reading activity before the story and again later, to review the high points of the tale. The back of the book has extensive glossaries containing definitions for Spanish-English and then English-Spanish vocabulary.

About the songs...

Each legend is followed by an original song written specifically to enhance and extend the story. Usually the songs are composed in styles common to the legend's country of origin. For example, the song entitled *"La camisa de Margarita*

i

*Pareja,"*which accompanies a Peruvian legend, is written in a light Indian folk style, accompanied by guitar and flute. *"El Caipora"* accompanies a Brazilian tale and highlights the driving rhythm and complex percussion of contemporary Brazilian music. The songs encompass many varieties of musical styles and instrumentation.

The songs are significant because they offer different perspectives to the legends. Several songs, such as *"El soldado y la mujer,"* retell the tale in different words and from another viewpoint, thereby adding a whole new perspective to oral comprehension. Certain songs, such as *El canto de la gitana,"* develop one certain character from the accompanying story. Others stress particular grammatical objectives, such as *"Téjeme algo de lana,"* which explores and drills verb conjugations. Finally, some songs, such as *"Plantaremos una flor,"* exist for the pure beauty of music and joy of singing.

Needless to say, the reader cannot hear the songs in the book itself; they can, however, be enjoyed on the available audio-cassette. The book contains both a lyric and a music notation page following the legend in Spanish. The song lyrics are also translated into English for the benefit of the non-Spanish speaking listener and reader. These translations are not meant to be sung because the rhythms of the English words do not flow with the Spanish music. It is not necessary to speak either English or Spanish to enjoy the songs. We all know that music is a universal language, and the songs are catchy, powerful and delightful on their own. The musical notation page contains the melody, suitable to be played on piano or any band instrument, as well as simple guitar and/or autoharp chords.

A word about music in the classroom...

Why does it work so well and so effortlessly? Beginning with birth, music is vital to learning. Babies respond to lullabies and preschoolers learn basic syntax and social skills from nursery rhymes. Kindergartners memorize their letters with the Alphabet Song. But why does it work? Recent studies are finally shedding some light on the magic of music in language acquisition.

Brain-based research tells us that music is one of the seven basic learner intelligences. Music, used on a regular basis along with other effective learning strategies, improves both students' learning and retention.

Perhaps music works so well simply because it is fun, expressive, relaxing and is a natural motivator. Listening and singing is enjoyable and fulfilling both in a social setting and in reflective moments alone.

Leyendas con canciones will introduce the reader and listener to Hispanic cultures, customs, history and sounds through reading, storytelling and music. Go ahead! Get started on the first one... and have a great time!

CONTENTS

Note: Each legend is followed by song lyrics and musical notation

1. El soldado y la mujer

Una leyenda del suroeste de Estados Unidos

Todo lo que ustedes van a escuchar en esta historia sucedió hace más de cincuenta años, pero la gente de esta ciudad del sur de Texas la recuerda como si fuera ayer.

Martín Bernal era un joven soldado, cansado de muchos meses de marchar y entrenar en el ejército de San Antonio, Texas. Finalmente le dieron una semana de vacaciones en el mes de octubre, 1940. Era al anochecer, cuando él, muy fatigado, iba en el camino polvoriento hacia su pueblo en el valle de Texas. Solamente pensaba en saludar a sus padres y luego acostarse en una cama suave sin que nadie lo despertara temprano. De pronto, vio una figura en la distancia. La oscuridad de la noche lo hizo pensar que era sólo su imaginación. Su viejo Chevy se acercó más, y con sorpresa vio que en realidad era una mujer parada al lado de la carretera.

La mujer le hizo señas con la mano. Martín detuvo su coche y abrió la ventana. Ella se le acercó y le dijo en voz baja y dulce: —Por favor, llévame al baile del pueblo.

Claro que el soldado no sabía que esa noche habría un baile en su pueblo, y de tan cansado que estaba, no tenía ningún interés en asistir, pero oyó una urgencia en su voz - además, él se sintió cautivado por la mujer misteriosa, así que decidió llevarla al baile.

Mientras manejaba, Martín miraba de reojo a su pasajera. Le parecía diferente a todas las demás mujeres que él conocía. Era bella y pálida, pelo largo y ojos verdes penetrantes, y se veía frágil y fuerte a la misma vez. Mientras que todas las mujeres de esa época generalmente llevaban vestidos que apenas cubrían las rodillas, esa mujer llevaba un hermoso vestido negro, bordado con hilos de muchos colores; le llegaba hasta los tobillos y parecía ser del siglo anterior. Ella lo miraba sin decir nada, y para iniciar una conversación él le preguntó: —¿Cómo se llama usted?

—Me llamo Cruz Delgada— le contestó la mujer.

Ella le sonrió mirándolo con ojos delicados y tristes. No hablaron más durante el resto del camino. Él estaba completamente fascinado con la mujer.

Cuando llegaron, el baile ya estaba en plena marcha. El aire vibraba con los tonos y ritmos de la ruidosa orquesta y la risa de las parejas bailando. Los vieron entrar, pero el soldado no reconoció a nadie y nadie los saludó. Todos los miraban con curiosidad: Martín, todavía vestido de militar, y Cruz Delgada, resplandeciente con su hermoso pero anticuado vestido. Cuando él la invitó a bailar, vió cierta expresión de duda en su cara, pero sin embargo, lo siguió a la pista de baile. Martín empezó a bailar, pero la mujer se paró en la pista sin moverse. Cruz, mirando desconcertada el destello de colores que emanaban de los cuerpos bailando, y confundida por los ritmos pulsantes de la música de "rock," lo miró con ojos grandes de desesperación. Para darle confianza, él sonreía y seguía bailando, pero Cruz empezó a llorar y cubrió su cara con vergüenza. Al ver a la pobre Cruz sin saber qué hacer, algunas parejas dejaban de bailar para observar el pequeño drama, y algunas muchachas se reían cubriéndose los rostros con sus manos. Pero en ese momento, la orquesta empezó a tocar un vals famoso del siglo anterior. Cruz se secó las lágrimas con el encaje de su blusa, y con gran dignidad y sus ojos brillando por anticipado, extendió los brazos para bailar con Martín.

Y así bailaron y bailaron. Todo el mundo los miraba con admiración. Cruz parecía estar transportada a otro mundo. A veces ella inclinaba su cabeza hacia atrás y reía, otras veces bailaba con los ojos cerrados, perdida en la música. La orquesta, notando su felicidad, tocaba vals tras vals.

El baile acabó a medianoche. Cruz tomó el brazo de Martín y salieron del baile, cansados y contentos. Había frío en el aire de la noche, y el cuerpo de la mujer temblaba, así que él, muy caballeroso, le puso su chaqueta militar sobre los hombros. Subieron al Chevy, y el soldado le contó de su servicio militar y de su familia. Ella escuchaba atentamente pero no decía nada. Poco a poco él sintió que ella estaba volviéndose triste otra vez.

—¿Le pasa algo?— finalmente le preguntó.

Ella parecía no escucharlo y no le contestó. A la luz de la luna él vio una sola lágrima correr por su pálida mejilla.

Martín quiso dejarla en su casa, pero cuando llegaron al mismo sitio donde la había visto por primera vez, Cruz simplemente dijo con su voz baja y dulce —Gracias por todo. Fue un baile inolvidable.

Suavemente, le tocó la cara a Martín, y su mano le dejó una sensación agradable pero fría. Después salió del vehículo y desapareció en la oscuridad.

Martín la vio irse, sabiendo que quería verla otra vez. Con tal propósito había dejado su chaqueta militar con ella, pues tendría una buena excusa para volver a verla pronto. Se fijó en el paisaje para poder volver al mismo lugar.

Cuando llegó a su casa, su familia ya dormía. Mientras estaba acostándose en la oscuridad, en su propia cama, aún su mente continuaba con la imagen encantada de Cruz Delgada en la pista de baile. Cuando él se despertó a media mañana, con el brillo del sol pasando a través de su ventana, su primer pensamiento fue acerca de esa mujer. Después de saludar a su familia, tomó su coche y se dirigió al camino buscando el lugar donde había dejado a Cruz la noche anterior. A la luz del día, el lugar estaba desolado y quieto. En la distancia sólo vio una casucha de adobe. Caminó sobre la tierra seca, entre piedras y cactus, hasta pararse frente a la puerta de madera. Martín arregló su pelo nerviosamente y luego golpeó la puerta. Pasaron unos minutos y nadie contestó. Volvió a llamar varias veces, hasta que finalmente una anciana abrió la puerta un poco, y lo miró sin decir nada.

—Quiero ver a Cruz Delgada, por favor— le dijo el soldado —¿sabe usted dónde puedo encontrarla?
La anciana lo miró seriamente. —No es posible— le contestó bruscamente, y trató de cerrar la puerta.

—Pero Cruz tiene mi chaqueta militar. Se la presté anoche— le dijo Martín inmediatamente.

La anciana lo miró incrédula, y después de una gran pausa le volvió a decir —No es posible— pero su voz temblaba. Lentamente salió de la casa, y sin decir ninguna palabra, y con un gesto de su cabeza, le indicó que la siguiera. Caminaron hacia la parte posterior de la casucha y siguieron por una vereda vieja hasta llegar a un camposanto pequeño. Ella se paró frente a una lápida alrededor de la cual crecían flores hermosas. Con sorpresa el soldado vio que su chaqueta militar estaba colgada cuidadosamente sobre la lápida. Él quitó la chaqueta para leer la inscripción.

Cruz Delgada
1842—1873

Un escalofrío corrió por sus huesos, y anonadado, volvió a mirar a la anciana. Ella le dijo con lágrimas en los ojos —Cruz Delgada era mi madre.

1. El soldado y la mujer

Words and music by Patti Lozano

Un joven soldado manejando fui yo
Cuando la vi parada en el camino oscuro
Abrí mi ventana y se acercó
Y me dijo "Llévame al baile, por favor"

Subió a mi coche pero poco habló
Me quedé mirando a sus ojos tan místicos
Su linda cara pálida me encantó
Y juntos fuimos al baile

Estribillo: Y no puedo olvidar su felicidad cuando estuvo bailando
No puedo olvidar la suave caricia de esa mujer

2. La música moderna la hizo llorar
Los sonidos y los ruídos no pudo aguantar
Hasta que la guitarra empezó a tocar
La música que ayer

Bailamos y bailamos juntos los dos
Hasta la hora que el baile acabó
Con el frío de la noche su cuerpo temblaba
Y así la cubrí con mi chaqueta militar

Estribillo

3. La quise dejar en su casa, pero no -
Me hizo dejarla en el camino oscuro,
Tan sola y pequeña que le tuve pena
Y así la dejé con mi chaqueta militar

Volví para verla, una viejita me vio,
Describí la mujer y la viejita lloró
Me llevó al camposanto, y ¡ay qué espanto!
En la lápida estaba mi chaqueta militar

Estribillo

1. El soldado y la mujer

Words and music by Patti Lozano

Un jo- ven sol- da- do ma- ne- jan- do fui yo, Cuan- do
(Su-) bió a mi co- che pe- ro po- co ha- bló, Me que-

la vi pa- ra- da en el ca- mi- no o- scu- ro, Ab- rí mi ven- ta- na y
de- - mi- ran- do a sus o- jos tan mís- ti- cos, Su lin- da ca- ra pá- li- da me

1. se a- cer- có Y me di- jo, "Llé- va- me al bai- le, por fa- vor." Su-
en- - can- tó, Y

2. jun- tos fui- mos al bai- - le, Y No puedo ol- vi- dar

Estribillo:
- su fe- li- ci- dad - cuan- do es- tu- vo bai- lan- - do.

No pue- do ol- vi- dar la sua- ve ca- ri- - cia de e- sa mu- jer -.

2. La familia Real
Una leyenda de Honduras

La capital de Honduras es Tegucigalpa. Ahora es una ciudad grande, pero hace mucho tiempo, cuando esta leyenda se llevó a cabo, era un pueblo pequeño y pintoresco. En las afueras de Tegucigalpa existe una antigua calle llamada Floreana. A mitad del camino y a la derecha hay una casa pequeña, bonita - y vacía. Nadie ha vivido en esa casa por muchas generaciones. Todavía hay vecinos que viven a ambos lados de la casa y gozan de la sombra que brindan los altos árboles del patio de la casa vacía. Pero nadie se atreve a vivir en ella. ¿Quieren saber por qué?

Pues, dicen que hace muchos años vivía una familia cuyo apellido era "Real." La familia estaba formada por el papá, Don Periquito Real, su esposa, Misia Pepa y su única hija, Laura. Cuando la familia paseaba por el centro, todo el mundo notaba su presencia. Era imposible no verlos porque se vestían con ropa floreada y de muchos colores vibrantes. Sobre todo les gustaban las distintas tonalidades de azul, iluminadas con rojo, amarillo y verde muy brillantes. También era imposible no escucharlos porque no cesaban de hablar con voces fuertes y ásperas. Si por casualidad veían algún conocido durante sus paseos, la familia dejaba de caminar, se detenía, y saludaba desesperadamente con las manos gritando —¡HOLA! ¿CÓMO ESTÁS? ¡HOLA! ¿CÓMO ESTÁS? ¡HOLA! ¿CÓMO ESTÁS?— hasta que la desafortunada persona, con mucha vergüenza, les contestaba.

Don Periquito tenía una voz muy grave y fuerte; Misia Pepa tenía una voz como una sirena ronca de ambulancia, y la voz de Laura era aguda y chillona. No era nada agradable escuchar sus saludos, pero a la familia Real, no le importaba que la gente mirara a otro lado al verlos acercar porque estaban muy entretenidos escuchando sus propias voces.

Ellos se creían muy inteligentes. Eran ricos y habían viajado a los Estados Unidos. Misia Pepa sabía unas pocas palabras en inglés y las decía orgullosamente y con mucha frecuencia, aunque no las entendía muy bien. Llamaba a su hija "Lora" o "Lorita," como se dice "Laura" en inglés. Solía decir a todo el mundo —¡MI LORITA CANTA COMO UN PÁJARO EXÓTICO!

En las fiestas, se oían las voces de la familia Real sobre las de todos los invitados.   Si alguien contaba un chiste, los de la familia Real eran los primeros en reirse a carcajadas, muchas veces antes del final del chiste. En el mercado, por encima de las voces suplicantes de los vendedores, se distinguía muy bien la voz chillona de Misia Pepa repitiendo —¿CUÁNTO CUESTA? ¿CUÁNTO CUESTA?— o —¡QUIERO DOS! ¡QUIERO DOS!

La gente de Tegucigalpa soportaba a la familia Real, y no les hacía mucho caso, hasta que los tres empezaron a arruinar la tranquilidad del pueblo con sus chismes aburridos. Todo lo que escuchaban por casualidad en un lugar, lo repetían en otro.   Repetían sin entender, repetían sin darse cuenta que sus frases pudieran hacer mucho daño. Por ejemplo, un día en el salón de belleza, Misia Pepa por casualidad descubrió un secreto, y luego lo comentó por todo el pueblo —¡LA SEÑORA VELÁSQUEZ ES CALVA! ¡LA SEÑORA VELÁSQUEZ ES CALVA!

Otro día Don Periquito, con mucha alegría, informó a todo el pueblo que Don Tomás debía una cierta cantidad de dinero a Don Ramón, y que Don Tomás tenía el dinero escondido pero no pensaba pagarlo.

A causa de los chismes de la familia Real la gente del pueblo comenzaba a enojarse uno con otro.   Finalmente, los residentes decidieron no incluir más a la familia Real en ninguna fiesta ni reunión del pueblo.

Esto no los molestaba en absoluto.   Se quedaban más y más tiempo en su casa, conversando juntos y riéndose a carcajadas.   Descansaban a gusto en sus sillas en el patio bajo la sombra de los árboles, platicando desde la madrugada hasta el anochecer.   Como ya no iban al centro, ya no tenían más chinchorrerías para compartir, pero estaban muy entretenidos repitiendo los mismos chismes y frases viejas.

Llegó un día en el cual la familia Real dejó de ir al centro para hacer sus compras en el mercado.   No querían perder los preciosos minutos de plática en el patio.   En realidad, no era necesario comprar comida en el mercado, porque de los árboles de su patio caían nueces y frutas todos los días. Los tres estaban sumamente contentos comiendo frutas y nueces, y nada más.   La familia ya ni siquiera entraba a su casa para dormir en la noche; se quedaban afuera, en el patio. Nadie del pueblo volvió a verlos, pero oían el constante murmurar de sus voces durante las noches cálidas y húmedas. Pasaron muchos meses viviendo de esa manera.

Un día, un vecino preocupado entró al patio de la familia Real, pero salió en seguida muy asustado y gritando —¡Ay, ay, ay! ¡Es una brujería!

Pronto volvió con un grupo de vecinos. Entraron al patio y se pararon allí muy sorprendidos y estupefactos. Aún estaba allí la familia Real, platicando en el patio, pero era difícil reconocerlos porque parecían más pericos que personas. Su ropa de colores vibrantes se había convertido en plumas de color azul, rojo, amarillo y verde brillante; sus brazos que habían saludado desesperadamente se habían convertido en alas que agitaban el aire, sus narices se habían convertido en picos largos y duros. Casi se habían olvidado como hablar y solamente repetían frases cortas —¡HOLA! ¿CÓMO ESTÁS? ¿CUÁNTO CUESTA? ¡QUIERO DOS! ¡LA SEÑORA VELÁSQUEZ ES CALVA!

Cuando los tres se dieron cuenta de la presencia de los vecinos, gritaron y volaron a la seguridad de las ramas del árbol. Allá se posaron entre las hojas, mirando hacia abajo, chillando con indignación —¡HOLA! ¿CÓMO ESTÁS?

Nunca más se bajaron de los árboles. Ahora que eran pericos, estaban más cómodos arriba entre las hojas. Por esta razón, la pequeña casa de la calle Floreana en Tegucigalpa aún hoy permanece vacía; desde sus árboles muchos loros chillan y gritan como en un concierto absurdo.

Hoy en día se puede escuchar a estos pericos de colores brillantes en muchas partes de Honduras. Chillan, gritan y repiten sin cesar. En honor de la familia Real, unos se llaman periquitos y otros se llaman "¡loritos reales!"

2. Gritan los loros

Words and music by Patti Lozano

Toda la noche escucho de mi cama
El ruído, el chillido, el pequeño melodrama
Me enojo y no duermo en toda la semana
Y tiro mi reloj y quiebro la ventana

Estribillo: Gritan los loros   ¿Por qué gritan tanto
                Sin cualquiera sensibilidad?
                Hablan los loros   ¿Por qué hablan tanto
                De chismes - no de verdades?

                Chipi chipi rácasu   Quiri papa tócanu
                Bonito al principio y feo después
                Chipi chipi rácasu   Quiri papa tócanu
                Bonito al principio y feo después

2. Viene el sol y suena la campana
   Pero tengo mucho sueño durante la mañana
   Cuando cierro los ojos, una voz proclama -
   "¡El canto de los loros siempre está clavado!"

Estribillo

3.   No me escuchas pero hablas y hablas
    Y nunca entiendes pero todo repites
    Te emocionas mucho y mueves las manitas
    ¡Casi te crecen un pico y alitas!

Estribillo

2. Gritan los loros

Words and music by Patti Lozano

Am
To- da la no- che es- cu- cho de mi ca- ma, El ru-

G
í- do, el chi- lli- do, el pe- que- ño me- lo- dra- ma, Me e-

F
no- jo y no duer- mo en to- da la se- ma- na Y

E⁷
ti- ro mi re- loj y quie- bro la ven- ta- na.

Estribillo: **A**   **F♯m**   **E**
Gri- tan los lo- ros, ¿Por qué gri- tan tan- to, sin cual- qie- ra sen- si- bi- li- dad?

A   **F♯m**   **Bm⁷**   **E**
Ha- blan los lo- ros, ¿Por qué ha- blan tan- to de chis- mes, no de ver- da- des?

D   **A**
Chi- pi, chi- pi rá- ca- sú, Qui- ri pa- pa tó- ca- nu, Bo-

E   **1. A⁷**   **2.**
ni- to al prin- ci- pio y fe- o des- pués —   fe- o des- pués

3. Tío Tigre y Tío Conejo
Una leyenda de Venezuela

A través de las Américas hay una gran abundancia de cuentos acerca del pequeño pero astuto Tío Conejo que siempre vence a su rival, el grande pero bobo Tío Tigre. Probablemente esas leyendas tienen su origen en cuentos creados por los obreros pobres que trabajaban en las haciendas y plantaciones ricas del siglo pasado. Veamos entonces, cómo Tío Conejo sale victorioso otra vez.

Era el primer día de invierno, cuando Tío Conejo, sentado en su cocina, se sintió muy deprimido. Él veía por la ventana que aunque había mucho sol, las ramas de los árboles estaban casi desnudas de hojas. Al mismo tiempo escuchaba angustiadamente el bramido feroz del viento que salía de su chimenea.

—¡Ay de mí!— gimió el conejo —¿Qué será de mí? ¿Cómo voy a sobrevivir el invierno?

Todos los vecinos le habían comentado desde septiembre, que este invierno iba a ser uno de los más duros. Su amigo Mapache había acumulado y escondido muchas nueces y granos, y ahora descansaba en paz dentro de su casa. Oso tenía un abrigo grueso de piel para no sentir el frío, y además, durante la temporada invernal dormía a gusto al fondo de su cueva oscura. Pero Tío Conejo no se había preparado de ninguna manera. En efecto, él se había burlado de los demás mientras hacían los preparativos.

—El trabajo es para los bobos— siempre decía Tío Conejo riéndose.

Ahora, aunque no lo iba a admitir ante sus vecinos, se había equivocado. En la despensa había dos recipientes de pepinos, nada más.

¿Cómo aguantaré el frío sin ni siquiera un suéter para taparme?— se preocupaba —¿Cómo encontraré comida cuando esté nevando? ¡Ay! ¡Me moriré de hambre!

Al poco rato salió de su casa para caminar y pensar en su situación lamentable. No le ayudaba que el viento frío lo hiciera estremecerse casi en seguida. Sin embargo, de repente debajo de un roble retorcido vió algo de muchos colores. Tío Conejo se acercó con curiosidad y descubrió que era un abrigo hecho de lana de buena calidad. Era azul con adornos verdes,

14

amarillos y morados, y con capucha y botones elegantes. Él miraba a todos lados buscando al dueño del hermoso abrigo, pero no vio a nadie. Finalmente se lo puso, volvió a la vereda y siguió caminando. Ahora sonreía contento y hasta silbaba porque el abrigo le había quedado perfecto.

—Un problema está resuelto - ¡y fue fácil!— pensó él, —tengo suerte y soy listo... ahora - qué hacer acerca del problema de la comida...

Estaba tan perdido en sus pensamientos, que saltó sorprendido cuando Tío Tigre apareció en el camino y le gritó —Tío Conejo, ¡qué lindo abrigo tienes! ¿Dónde lo conseguiste?

Al conejo se le ocurrió decirle —¿Este abrigo? Pues, yo lo tejí — Le contestó con indiferencia, dando una vuelta para mostrar mejor su hermoso abrigo.

—¿Tú sabes tejer?— preguntó Tío Tigre incrédulo.

—¡Claro que sí!— dijo el conejo. —Paso todas las noches tejiendo en mi casa. ¡Me encanta tejer!

Tío Tigre miró con anhelo el abrigo y pensó en el frío del invierno.

—Conejo, ¿podrías hacerme un abrigo azul también? Te pago lo que quieras.

El conejo pareció considerar la oferta, y luego contestó —Pues mi problema no es el dinero, sino que si yo te tejo un abrigo igual de elegante como el mío, no tendré tiempo para ir de compras, ni cocinar mis comidas. Así que ... lo siento mucho, pero no te puedo ayudar.

El conejo se puso la capucha y fingió irse.

—¡No, no, no! ¡Espera!— gritó el tigre —¡*Yo* puedo hacer tus compras y cocinar tus comidas!

—¿Y también traerás la lana que tú deseas?— preguntó el conejo.

—¡Sí! No hay problema. Te traeré lana azul y haré comidas muy sabrosas mientras tejes— le contestó el tigre, imaginándose caminar por el centro con su lindo abrigo azul.

—Muy bien— dijo Tío Conejo —Mañana me traes la lana y ya mismo podremos empezar.

Al día siguiente Tío Tigre llegó a la puerta de Tío Conejo con un montón de lana azul de la mejor calidad en sus brazos. El conejo lo recibió, tomó la lana y lo mandó al mercado para comprar la comida. Luego rápidamente, antes de que regresara el tigre, el conejo sacó de debajo de su cama un viejo libro de tejido para aprender cómo tejer; el libro había pertenecido a su abuela. Aunque era perezozo, Tío Conejo también era muy inteligente y en poco tiempo aprendió a tejer cuadrados de lana.

—¡Has avanzado bastante!— dijo el tigre contentísimo al volver con bolsas llenas de comida.

Tío Tigre empezó a cocinar mientras el conejo tejía en la sala.

Así pasaron todo el invierno. Afuera la nieve caía y las tempestades eran furiosas; los lagos se congelaban y los carámbanos colgaban de las ramas de los árboles, pero el conejo nunca tuvo que salir fuera de su casa. Se quedó en su mecedora al lado de la hoguera, tejiendo miles de cuadrados de lana azul. Engordó bastante con las comidas sabrosas del tigre.

Tío Tigre, pobre bobo, estaba contento de ver la pila de cuadros azules, se sentía muy cansado de tanto trabajo. Todos los días tenía que ir al mercado, caminando en la nieve con mucho esfuerzo, porque el pequeño conejo comía mucho. Sin embargo, el tigre infeliz había adelgazado mucho.

—¿Está listo mi abrigo azul?— preguntaba cada día al llegar con las bolsas de lana y alimentos.

—Está casi listo— siempre contestaba el conejo.

—No olvides la capucha y los botones— siempre le recordaba el tigre antes de meterse en la cocina para empezar sus tareas hogareñas.

Una mañana, cuando Tío Tigre caminaba hacia la casa de Tío Conejo se dio cuenta que el hielo en los techos estaba derritiéndose. Escuchó las canciones de los pájaros, miró las hojas verdes nuevas en las ramas de los árboles y de repente supo que había llegado la primavera.

—¿Está listo mi abrigo azul?— le preguntó con poca esperanza al conejo cuando abrió la puerta.

—Está casí listo— le dijo el conejo como de costumbre, mirando más al día soleado que al tigre.

—Pues, ya no lo necesito— dijo el tigre con una voz triste y fatigada.

Tío Conejo quiso salir de su casa - quiso correr, saltar y jugar en el campo. No solamente había sobrevivido el invierno terrible, sino que se sentía descansado y lleno de energía.

—Sí— dijo el conejo —ya no lo necesitas - pero lo vas a necesitar el invierno que viene.

Cariñosamente puso su mano sobre el hombro del tigre y añadió —Mira, te haré un favor. Yo recogeré y guardaré todos los cuadros de lana - y cuando vuelva el frío, tú vienes otra vez a mi casa para cocinar - ¡y yo terminaré tu abrigo!

A Tío Tigre le gustó este plan y se despidió cansado pero esperanzado - y Tío Conejo fue muy contento al campo para reunirse con sus amigos.

3. Téjeme algo de lana

Words and music by Patti Lozano

Téjeme algo de lana
Un abrigo o un suéter azul
Para el frío del invierno
Téjelo tierno
Un abrigo o un suéter azul

Téjeme algo de lana
Un abrigo que han de admirar
Para protegerme
Favor de hacerme
Un abrigo que han de admirar.

Estribillo: Tejes y tejiste,   ahora estás tejiendo
Siempre has tejido, y siempre tejerás
De joven tejías día tras día
Y quieres tejer cada día más y más

2. Téjeme algo de lana   mientras tejes no te molestaré
Te traigo las bebidas   te compro las comidas
Mientras tejes no te molestaré

Téjeme algo de lana   pon botones y la capucha también
Seré tu sirviente   absolutamente
Pon botones y la capucha también

Estribillo

3. Cuando muy joven era   consulté con una costurera
Le pedí que me hiciera   una bandera
Pero un abrigo me tejió

Siempre mi abrigo llevaba   el invierno ya no me enfriaba
Mi cuerpo crecía   fue una agonía
Un diciembre ya no me quedó

Estribillo

3. Téjeme algo de lana

Words and music by Patti Lozano

4. El Sombrerón
Una leyenda de Guatemala

Hace muchos años en Guatemala vivía un hombrecito conocido por el nombre de "El Sombrerón." Dicen que era tan pequeño que cabía en la palma de una mano. Siempre llevaba un sombrero enorme que cubría su cara. Tocaba la guitarra y cantaba hermosas canciones hechiceras, y siempre era precedido por cuatro mulas de carga. Aunque era muy guapo y carismático, era mala suerte verlo, porque siempre traía tristeza y tragedia. Escuchen entonces la lamentable historia de la hermosa Celina y El Sombrerón.

Celina era una muchacha de dieciséis años que vivía en una casa humilde a la orilla de un pueblito de Guatemala. Sus papás, Don Antonio Bernal y su esposa Ana tenían una pequeña tienda de tortillas en el centro del pueblo. La tortillería era un lugar muy popular porque, diariamente, todos los del pueblo iban allí para comprar sus tortillas frescas y calientes.

Don Antonio y Doña Ana estaban muy orgullosos de su linda hija y la querían mucho. Todos los días Celina trabajaba en la tortillería con sus papás: se paraba detrás del mostrador mezclando la masa mientras saludaba alegremente a los clientes que entraban. Todos habían conocido a la muchacha desde su niñez y siempre sonreían al verla porque, además de ser muy trabajadora, era muy simpática y dinámica.

Una tarde, un vecino, Don Benito Amador, entró a la tortillería y anunció: —¡Qué extraño! Hay cuatro mulas amarradas a un lado de la tienda.

Otra vecina, Doña Rosa Flores, también estaba en ese momento comprando sus tortillas y dijo a los Bernal —Quizás éstas son las mulas de El Sombrerón. ¡Deben de esconder a Celina porque El Sombrerón busca a las muchachas como ella!

Don Antonio salió con Don Benito para mirar las mulas amarradas, pero ya no estaban. Los clientes terminaron de hacer sus compras y se despidieron sin hablar más del asunto.

Esa misma noche, mientras la familia se preparaba para acostarse, fue sorprendida por el *"clip clop clip clop"* de las pezuñas de animales que pasaban por el camino frente a su casa. Las pezuñas hacían un sonido extraño, casi espectral, antes de desvanecerse en el silencio de la noche.

Los tres Bernal se acostaron en sus camas. Celina, sin embargo, no pudo dormir porque desde afuera de su ventana abierta escuchaba la música más bonita que había oído en toda su vida. ¿Era ésta celestial o sensual? No podía decidir, pero sí sabía que no podía ni deseaba mover siquiera un músculo. Sentía su cuerpo hechizado y esperaba que la música continuara toda la eternidad. Escuchaba los acordes de una guitarra, sus arpegios cayendo como un arroyo juguetón, y la voz apasionada de un hombre joven cantando palabras de amor y deseo.

En su estupor Celina se atrevió a preguntar —¿Quién me da esa serenata tan bonita?

Sin embargo, las notas siguieron y nadie contestó.

La música encantadora continuó durante toda la noche y Celina se quedó despierta escuchándola, y no durmió ni descansó. Por la mañana en la tortillería, la pobre muchacha tenía ojeras y se veía muy cansada.

—¿Qué te sucede hoy, hija?— preguntó su mamá —¿estás enferma?

—No, mamá— dijo Celina —al contrario - estoy muy contenta, aunque sí estoy cansada. Es que toda la noche escuché la música hermosa y no quise dormir.

—¿Cuál música?— preguntó su mamá —tu papá y yo no oímos nada de música.

Celina se reía de que sus papás hubieran dormido tan profundamente que no habían escuchado la serenata tan exquisita.

Esa noche la familia de nuevo escuchó las pezuñas espectrales y Celina sintió una emoción viva y agradable. La música encantada comenzó tan pronto como la muchacha colocara su cabeza en la almohada.

—Alguien me quiere mucho - ¿quién podrá ser?—pensó la muchacha antes de perderse completamente en la música.

Cuando escuchaba las notas, ella tenía la sensación de que estaba volando como un quetzal sobre la selva tropical...la sensación de que se cubría con un manto de terciopelo y se sentaba frente a una hoguera en el invierno... tenía la sensación de que estaba cruzando las olas vigorosas en un barco de vela... Esa noche otra vez, la música fue maravillosa, pero en la mañana la pobre Celina amaneció aún más cansada que el día anterior. No mezclaba la masa con mucho entusiasmo, ni tenía interés de conversar con los clientes - en realidad Celina solamente soñaba con la llegada de la noche, con el deseo de escuchar una vez más la música seductora.

Noche tras noche la hermosura de la música la dejaba débil y confundida. Finalmente una noche ya no pudo aguantar su curiosidad - tenía que saber quién le cantaba con esa voz cautivante. Caminó de puntillas a la ventana, movió las cortinas un poco y miró a hurtadillas hacia el patio. Allá, bañado por la luz de la luna, vio a un hombre muy pequeño que estaba sentado en una rama baja del árbol. Llevaba un sombrero grandísimo por lo cual Celina no pudo distinguir la cara. Llevaba un elegante trajecito de vaquero - desde la chaqueta negra hasta las espuelas de plata que lucían con el brillo de la luna. Celina suspiró pero aunque no hizo ningún otro movimiento, de repente el hombrecito levantó la cabeza y clavó sus ojos negros directamente en los de Celina. Ella sintió la intensidad de su mirada hasta el fondo de su alma, y desde ese momento estuvo completamente enamorada de El Sombrerón.

De allí en adelante Celina no podía comer ni trabajar. Sus padres se desesperaban. Ellos apenas reconocían a su hija que estaba tan pálida, delgada y callada que parecía andar entre sueños. Los clientes que iban a la tortillería notaban también los cambios en la muchacha y se preocupaban.

—¿Qué tiene Celina? ¿Está enferma?— se preguntaban unos a otros.

Un día Doña Ana se confió a su amiga, la Sra. Flores —No sé qué pasa con mi hija... no entiendo qué pasa.... y no sé cómo ayudarla...

Se retorcía las manos mientras hablaba y trataba de controlar las lágrimas que escapaban de sus ojos. —Ya no se comunica conmigo. Solamente habla de la música...

—¡La música!— exclamó la Sra. Flores asustada —y tú, comadre, ¿escuchas la música también?

—No, yo no oigo nada— dijo la mamá.

—¡Ay, amiga!— dijo la señora Flores —no quiero decírtelo, pero temo que Celina esté escuchando la música de El Sombrerón. Creo que se ha enamorado de él.

Doña Ana se puso frenética. —¿Qué hago? ¡Aconséjame, por favor! Celina es mi única hija. ¡No puedo perderla!

—Pues, quizás podrías meterla en un convento— sugirió la señora —porque El Sombrerón es un fantasma y no puede entrar en ninguna iglesia.

Ese mismo día, con tristeza pero también esperanza, e ignorando las débiles protestas de su hija, Don Antonio y Doña Ana viajaron muy lejos hasta llegar al convento de Santa Rosario de la Cruz, y allí dejaron a Celina a cargo de las monjas, encerrada en el convento.

En la carretera de regreso al pueblo Doña Ana empezó a llorar

—¡Cómo la voy a extrañar!

Don Antonio trató de consolarla diciendo: —Sí, será difícil sin nuestra hija, pero tenemos que protegerla de cualquiera manera que sea posible - y por lo menos en la iglesia la voz de El Somberón no la alcanzará.

Pensó un rato más y añadió: —Celina es joven... y después de algunos meses habrá olvidado a ese hombrecito y entonces la traeremos otra vez a vivir con nosotros.

Al escuchar las palabras de su esposo Doña Ana se alegró un poco.

Al anochecer, como de costumbre, se escucharon las pezuñas en frente de la humilde casa - las pezuñas de las cuatro mulas de El Sombrerón. Como siempre el hombrecito se acomodó fuera de la ventana para dar serenata a Celina, pero inmediatamente presintió la ausencia de la muchacha. Durante la noche la buscó ansiosamente a través de las ventanas de los dormitorios de todas las casas del pueblo. Esa noche todos los habitantes del pueblo escucharon el sonido de las pezuñas misteriosas. Por la madrugada El Sombrerón se dio cuenta que su búsqueda era en vano y se quedó triste y silencioso. Dejó su guitarra y no volvió a cantar. Por primera vez en su vida sintió un dolor inaguantable en su corazón: El Sombrerón se había enamorado de Celina.

En el convento las monjas atendían a la muchacha con mucho cariño y trataban de aliviar su sufrimiento. Rezaban por su recuperación, se sentaban al lado de su cama para contarle cuentos de la biblia y decoraban su cuarto sencillo con flores de los campos cercanos. Pero a Celina ya no le importaba nada. La realidad era que no quería existir sin El Sombrerón. No se levantaba, no comía, ni hablaba. Una noche una monja entró en su cuarto y encontró a la pobre Celina en su cama con su carita hacia la ventana y sus ojos mirando por las cortinas hacia la luna. Celina había fallecido.

Fue una tarde triste e inolvidable cuando los papás trajeron el cuerpo de Celina a su pueblo otra vez. Todos vinieron a la casa para despedir a la muchacha por última vez. La sala estaba llena de lamentos de quienes la habían conocido y amado desde su niñez. De pronto, todas las voces de los habitantes del pueblo fueron ahogadas por el sonido de un llanto agonizante parecido al grito de un lobo con profundo dolor. Las paredes de la casa se estremecieron con la intensidad del sollozo.

—¡Madre de Dios!— gritó Don Benito Amador.

Pero nadie - ni siquiera la Señora Flores - pensó en la posibilidad de que ese llanto brotara de El Sombrerón que acababa de descubrir que su querida Celina estaba sin vida en la sala de su propia casa. Éste era el llanto de un corazón destrozado.

Al anochecer el pueblo, con mucho pesar, enterró el cuerpo de la joven Celina en el cementerio del pueblo.

A la mañana siguiente, cuando todos salieron de sus casas, vieron algo increíble. ¡El pueblo entero se había transformado en una tierra de fantasía! Los techos estaban cubiertos con gotas de agua de colores, luciendo en el sol del amanecer - ¡ y las calles! Sobre las piedras corría un río con agua que parecía un arcoiris brillando con un millón de diamantes.

—¿Qué milagro es éste?— se preguntaban incrédulos.

Nadie sabía la verdad: las gotas platinadas en los techos y el río colorido en la calle, eran en realidad las lágrimas cristalizadas de El Sombrerón, un recuerdo visible de todo lo que él había llorado por su querida Celina.

4.   El Sombrerón

Words and music by Patti Lozano

La hermosa Celina no comía
No quería trabajar y no quería amanecer
Y sus pobres papás se preocupaban
Del hechizo que la transformó así

Estribillo: El Sombrerón   es coquetón
El Sombrerón   es maldición
El Somberón   hay que guardar a las hijas
De su canción

El Sombrerón   es coquetón
El Sombrerón   es maldición
El Somberón   la que escucha su guitarra
Muere de pasión

2. Y la luz de la luna la tocaba
Reflejaba en los ojos y en el pelo también
Por la ventana abierta escuchaba
Una voz que le cantaba, "Amor, ven."

Estribillo

Aunque trate de proteger a su hija, papá
Y mamá, aunque la quiera encerrar
No pueden evitar la luz de la luna
Viene el amor
Con todo su dolor
A confundir el corazón, el Sombrerón

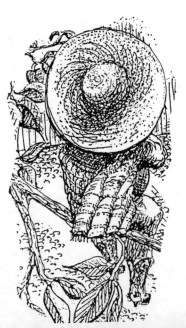

3. La hermosa Celina fallecía
Sin el Sombrerón ya no quería existir
El Sombrerón ya tiene llanto en su canto
Por el amor y su poder de destruir

Estribillo

4. El Sombrerón

Words and music by Patti Lozano

La her-mo-sa Ce-li-na no co-mí-a No que-rí-a tra-ba-jar y no que-rí-a a ma-ne-cer Y sus po-bres pa-pás se preo-cu-pa-ban Del he-chi-zo que la trans-for-mó a-sí. El Som-bre-rón, es co-que-tón, El Som-bre-rón, es mal-di-ción, El Som-bre-rón,

Estribillo:

1. hay que guar-dar a las hi-jas de su can-ci-ón,
2. la que es-cu-cha su gui-

2. El ta-rra mue-re de pa-si-ón. Aun-que tra-te de pro-te-ger a su hi-ja, pa-pá, Y ma-má, aun-que la quie-res en-ce-rrar- No pue-des e-vi-tar la luz- de la lu--na-. Vie-ne el a-mor Con to-do su do-lor, A con-fun-dir el co-ra-zón, el Som-bre-rón-.

5. La camisa de Margarita Pareja

Una leyenda del Perú

Recientemente una alumna americana estaba visitando a su abuela en la linda ciudad de Lima, Perú. Pasaron una tarde agradable en los comercios más elegantes del centro de la ciudad y la joven se dió cuenta que varias veces su abuela, al mirar los precios en las etiquetas de la ropa, exclamó:
—¡Es más cara que la camisa de Margarita Pareja!

Finalmente la joven le preguntó qué significaba esta expresión. La abuela contestó que era un dicho muy conocido en Lima, y usado especialmente por las personas mayores de edad cuando querían criticar los precios altos. Añadió que le parecía que el dicho tenía su origen en la época colonial de Lima.

—Pero ¿quién era Margarita Pareja?— la muchacha quiso saber.
Así la abuela le contó la linda historia de Margarita Pareja y su amor, Luis.

En el año 1765, Don Raimundo Pareja, el colector general del puerto de Callao, era uno de los hombres de negocio más prósperos de Lima. Vivía en un palacio con su esposa Doña Carmela y su única hija, Margarita. A los dieciocho años, Margarita era la belleza de la ciudad. La invitaban a todas las fiestas y bailes más importantes y ella siempre bailaba y conversaba con mucho aplomo y gracia. Era muy bonita. Tenía el pelo negro rizado adornado con moños de colores, los ojos negros vivaces y la cintura esbelta. Era muy mimada por sus padres, los cuales le daban todo lo que ella deseaba. Tenía tres guardarropas llenos de vestidos y zapatos para cada ocasión. Durante sus años de estudiante, Margarita Pareja había asistido a los mejores colegios que existían en el Perú, así como también había pasado dos años en París estudiando francés. Además de ser rica y bella, Margarita era muy inteligente. Le encantaba leer y escribir poesía, y también discutir de política y los nuevos descubrimientos científicos del día. Detrás de su conducta dulce y alegre únicamente sus padres sabían que ella también tenía una voluntad obstinada e incansable.

En otro barrio de la gran ciudad vivía un joven pobre y guapo que se llamaba Luis Alcázar. Era huérfano y vivía en un sólo cuarto de una casa de huéspedes.   Luis nunca asistía ni a fiestas ni a bailes, y no tenía interés en las mujeres. Lo que le interesaba y le importaba mucho era su trabajo de oficinista en una compañía grande de importaciones. Luis había sido muy estudioso durante sus años escolares, y aunque ahora trabajaba en la posición más baja de la compañía, por medio de su esfuerzo esperaba avanzar rápidamente. Probablemente esto sucedería, porque aunque Luis no tenía padres, sí tenía un tío, Don Honorato, el señor más rico de Lima, quien era el dueño de esa compañía de importaciones. Él miraba el progreso de su sobrino con interés y escondido orgullo: quería que Luis avanzara en la compañía por sus propios méritos e inteligencia, no a causa de la relación familiar con el jefe.

Cada año el 30 de agosto era un día festivo en Lima: todos los ciudadanos participaban en una procesión para honrar a Santa Rosa, la Santa Patrona de la ciudad. Todas las fábricas, oficinas, escuelas y tiendas estaban cerradas ese día y la gente caminaba alrededor de la Plaza de Armas en el centro. Los ricos y los pobres juntos llevaban su ropa más alegre y paseaban, cantaban y exponían estatuas y cuadros religiosos. Los vendedores despachaban jugos, frutas, nueces y elotes, y los niños se ponían máscaras y ondeaban banderas pequeñas.

Margarita Pareja asistía a la procesión montada en un caballo blanco adornado con moños azules. Ella saludaba a todos con gracia, de acuerdo a su posición elevada en la sociedad. Luis estaba parado entre la muchedumbre, gozando de un día sin trabajo, y la vio acercarse. Cuando la muchacha paseaba frente a él, ella por casuadidad lo miró. Sus miradas se cruzaron, sus ojos se clavaron, y en un sólo instante sus almas se fundieron y se enamoraron profundamente. Luis siguió la procesión corriendo y al final cuando Margarita se bajó del caballo, la tomó en sus brazos y la besó.

Durante los meses siguientes, a Luis le resultó difícil concentrarse en su trabajo. Cada tarde que podía, la pasaba con Margarita en su patio. Descubrieron que a pesar de la riqueza de ella y la pobreza de él, tenían mucho en común; compartían sus perspectivas, sus metas, sus creencias, y sobre todo, un amor apasionado. Mientras conversaban sobre libros interesantes, invenciones nuevas o culturas exóticas, sus ojos declaraban: "Te quiero."

Cuatro meses después decidieron casarse. Luis, respetuosamente, le pidió a Don Raimundo la mano de su hija. El padre se horrorizó con la sugerencia de que ese muchacho humilde fuera su yerno, y se lo negó firmemente. Luis se fue de la casa deprimido y destrozado.

Don Raimundo lo miró alejarse. Estaba encolerizado. Buscó a su esposa y a su hija y las encontró en el jardín.

—¡Ese pobretón!— gritó —¡Puedes escoger a cualquier galán de la ciudad - y quieres casarte con ese pobre insignificante! ¡No lo permitiré!

Se escucharon sus gritos enfurecidos por toda la calle.—— Los vecinos comenzaron a chismear y a los pocos días la historia alcanzó los oídos de Don Honorato, el tío de Luis. Él se puso aún más furioso y gritó —¡Ese don Raimundo! ¿Cómo se atreve a insultar a mi sobrino de tal manera? ¡Luis es el mejor hombre joven en toda la ciudad de Lima!

Margarita estaba desconsolada. Lloraba, gritaba y arrancaba el pelo. Amenazaba con hacerse monja. Pero don Raimundo rehusaba cambiar su decisión. Doña Ana sentía compasión por su hija, se acordaba de la intensidad del amor, y rogaba a su esposo que reconsiderara, pero él reiteraba su decisión. Margarita resolvió quedarse en su cama y rehusó comer o beber. Se puso delgada y pálida, y su cuerpo se debilitó.

Cuando don Raimundo temía que se iba a morir, se ablandó y dijo —Sí lo quieres tanto me supongo que tengo que dar mi bendición a esa boda.

Luego él trató de hablar con Don Honorato, pero éste se sentía aún muy ofendido con el tratamiento humillante que había sufrido su sobrino.

—Yo consiento esa boda pero con una condición— dijo el tío —ni ahora ni nunca puede regalarle ni un real a su hija. Margarita tendrá que formar su hogar con Luis con la ropa que lleva puesta, y nada más.

Don Raimundo estuvo enojado pero se puso a pensar en los deseos de su hija. —Está bien— consintió sin alegría y con un apretón de manos prometió —Juro no dar a mi hija más que la camisa de novia.

Llegó el mes de mayo y toda la ciudad celebró la gran boda de Margarita y Luis. ¡Qué resplandeciente lucía la novia en su traje de boda! Don Raimundo y Don Honorato olvidaron sus desacuerdos y miraron orgullosamente a la feliz pareja.

Don Raimundo también cumplió con su juramento: ni en vida ni en muerte dio a su hija nada más.

¡Pero qué camisa de boda era! El bordado que adornaba la camisa era de oro y plata, los botones de perlas, y el cordón que ajustaba el cuello era una cadena de diamantes. ¡La camisa de boda valía una fortuna!
Luis y Margarita gozaron de un matrimonio feliz y próspero, y tuvieron muchos hijos y nietos. Se supone que la lujosa camisa de novia todavía pertenence a los descendientes de la familia Alcázar, porque nadie ha vuelto a verla desde aquel día de la boda - y jamás se ha visto otra semejante.

Por eso - aún dos siglos después - cuando un limeño habla de algo caro, muchas veces dice: —¡Es más caro que la camisa de Margarita Pareja!

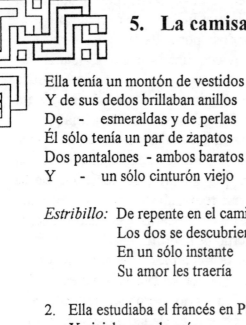

5. La camisa de Margarita Pareja

Words and music by Patti Lozano

Ella tenía un montón de vestidos
Y de sus dedos brillaban anillos
De - esmeraldas y de perlas   Siempre me cuentan -
Él sólo tenía un par de zapatos
Dos pantalones - ambos baratos
Y   -   un sólo cinturón viejo   Y siempre dicen -

Estribillo: De repente en el camino   quizás fue el destino
Los dos se descubrieron   y sus almas fundieron
En un sólo instante   de allí en adelante
Su amor les traería   compasión y alegría

2. Ella estudiaba el francés en París
Y viajaba a cada país
De   - norte y sudamérica   Siempre me cuentan -
Él trabajaba con resolución
Día tras día en su pobre rincón
En   - la linda ciudad de Lima   Y siempre dicen -

Estribillo

3. "¡No seas tonta, por favor, Margarita! -
¡Olvida a Luis - la pasión se te quita-
rá!" aconsejaban sus papás   Siempre me cuentan -
"Ella es bella, es verdad, mi sobrino,
¡Pero ella es rica, y tú - campesino -
Y   - por eso no serán felices!"   Y siempre dicen -

Estribillo

4. Los dos se casaron - fue una boda con misa
La novia llevaba una linda camisa
Con   - hilos de oro y de plata   Y ahora digo -
Pasaron los años - la camisa ya es mía
Un lindo recuerdo de mi familia
De   - de Margarita y Luis - mis abuelitos

Estribillo

5. La camisa de Margarita Pareja

Words and music by Patti Lozano

6. La profecía de la gitana
Una leyenda de España

Cuando uno viaja por España, en todas partes se nota la mezcla de las culturas de los moros y de los cristianos. Su influencia se ve en la arquitectura, en la música folklórica y en las artesanías. Los moros de Africa invadieron la península Ibérica - la tierra que hoy se llama España - en el año 711, y gobernaron durante más de siete siglos. El sur y el centro del país prosperaron bajo la autoridad de los moros, pero en el norte poco a poco se formaron reinos cristianos que se resistieron a los moros. Sobre todo en el reino cristiano de Asturias, en el noroeste de la península, habían muchas batallas contra los moros. Esta misma región luego se convertiría en el lugar de nacimiento de la libertad española.

Muchas leyendas han sobrevivido los siglos de conflictos entre las dos culturas en Asturias. Esta historia nos cuenta acerca del príncipe moro Abd al-Aziz, y cómo se salvó de los soldados del poderoso y famoso Don Pelayo, un noble cristiano que vivía en lo que aún hoy es la provincia de Asturias.

La batalla duró dos días. Los soldados del joven príncipe Abd al-Aziz habían luchado con valor, pero el ejército de Don Pelayo los excedió en número y en pasión por su causa, y los vencieron. Todos los soldados moros fueron matados, o encadenados y puestos en prisión por mandato del noble Don Pelayo. Sólo el príncipe y su criado habían escapado. Al mediodía habían huído a pie de las sangrientas tierras de Don Pelayo. Al principio había sido fácil cruzar rápido los campos de trigo en el valle, pero luego era más difícil subir las colinas pedregosas. Los dos hombres estaban fatigados y desmoralizados.

Después de muchas horas alcanzaron un arroyo y el criado suplicó
—Vamos a pararnos aquí un rato para descansar y tomar agua. Tengo tanta hambre y sed que ya no puedo seguir.

—No— dijo el príncipe —Puedes beber del arroyo pero no podemos descansar aquí. Estoy seguro que Don Pelayo ha descubierto nuestro escape y que ya habrá mandado a sus soldados a capturarnos.

—¿Qué piensa hacer usted? —preguntó el criado.

—Quiero llegar a esas montañas antes del anochecer. Allí hay un pueblito donde podemos escondernos. Necesitamos dormir y descansar para recuperar nuestras fuerzas y poder caminar hacia Córdoba mañana temprano.

Los dos volvieron a caminar, pero la noche llegó antes de que llegaran al pueblo. Habían llegado a una zona rocosa donde era peligroso andar en la oscuridad porque las rocas eran desiguales y además, con un paso en falso, podrían resbalar de un acantilado y caer a la muerte. Los dos se pusieron a buscar un refugio para pasar la noche.

Finalmente el criado vio una cueva amplia y le dijo al príncipe: —Esa cueva parece ser grande y estar vacía. Nos protegerá del viento y podremos dormir sin que nadie nos descubra. ¿Qué piensa usted?

Abd al-Aziz caminó hacia la cueva y se paró frente a la entrada con los brazos cruzados y una expresión meditabunda. Luego se sonrió y dijo con tranquilidad —Sí, estoy contento con esta cueva. Aquí estaremos seguros. Dormiremos en paz porque Alá nos protegerá.

—Ojalá que yo tuviera la misma confianza que usted— dijo el criado —¿Puedo preguntarle por qué se siente tan seguro?

—Sí, mira en la parte de arriba de la entrada— dijo el príncipe —¿qué ves allí?

—Nada más que una pequeña araña —contestó el criado.

—Sí, y esa pequeña araña es la razón por la cual ya no temo a la noche o a la cueva —dijo el príncipe —vamos a entrar, nos acomodamos, y luego te explicaré todo.

Así los dos entraron a la cueva y recostaron sus cuerpos agotados en la tierra suave y fresca.

Abd al-Aziz empezó a hablar en la oscuridad. —¿Te acuerdas cuando hace seis meses fuimos al festival en Granada?

Sí— contestó el criado —usted se quedó festejando hasta la madrugada en esas cuevas de las afueras de la ciudad.

Sí, me divertí bastante— recordó el príncipe —pero ¿sabes que en esas cuevas viven los gitanos? Pues, tenía curiosidad y esa noche visité a una gitana para que me dijera mi fortuna. Yo esperaba que me dijera algo del amor o de las riquezas - pero ¿sabes lo que me dijo?

El criado no dijo nada, sin embargo, el príncipe siguió de todos modos con su narrativa.

—Me acuerdo perfectamente de las frases que me dijo. Aunque me pareció muy extraño, dijo: 'Te recomiendo que siempre cuides a las arañas. Te aconsejo que siempre las respetes y las protejas. Nunca olvides mis palabras.'

—Pues, yo comencé a reírme— admitió el príncipe —pero esa gitana se puso muy seria y me dijo: "Si valorizas la vida, pondrás atención a mis consejos - porque algún día en tu futuro, una araña pueda salvarte la vida."

—¿Qué piensas de eso? — le preguntó al sirviente, pero no hubo respuesta porque el hombre fatigado se había dormido durante la narración. Entonces Abd al-Aziz cerró los ojos y durmió profundamente sin soñar. Nada lo molestó hasta la mañana, cuando su criado lo despertó moviéndole insistentemente su hombro.

—No diga nada, por favor— suspiró el criado —pero escuche.

Los dos hombres oían el ruido de pezuñas fuera de la cueva y una voz potente gritando —¡Aquí! ¡Busquen en esta cueva!

—No, es una pérdida de tiempo— contestó otra voz —nadie ha entrado allí en muchos días.

—Entonces, ¿qué hacemos? —dijo una voz joven.

El príncipe y el criado escucharon desde atrás de una roca que estaba al fondo de la cueva, sin mover un músculo, casi sin respirar.

—Pues, hay un pueblo cercano. Apuesto que es donde están escondiéndose. Iremos allí ahora para continuar nuestra búsqueda— dijo la primera voz.

—Pero... ¿y si no están en el pueblo?— preguntó la voz joven.

—Entonces tendremos que volver a Don Pelayo. Tendremos que admitir que el príncipe moro y su criado se escaparon - ¡y Dios nos cuide de su enojo!

Luego las voces y el ruido de las pezuñas se apagaron mientras los soldados de Don Pelayo galopaban hacia el pueblo en las montañas.

—¡Gracias a Alá!— exclamó el príncipe —Nos quedaremos aquí hasta la tarde y luego podremos pasar el pueblo, y llegar hasta Córdoba sin preocuparnos.

—¿Por qué no nos buscaron en la cueva?— se maravilló el criado.

Los dos moros salieron de su escondite detrás de la roca y se acercaron a la entrada soleada de la cueva.

—¡Es un milagro! —exclamó el criado, arrodillándose y levantando sus manos como agradecimiento.

—No... es la araña de la profecía de la gitana— dijo el príncipe. Durante la noche la pequeña araña había construído su telaraña; una delicada cortina de hilos platinados que ahora cubría completamente la entrada de la cueva.

6. El canto de la gitana

Words and music by Patti Lozano

Pasa por las cortinas · a la oscuridad de mi lugar
Siéntate y pregúntame de tu futuro y de la verdad
Escucha bien mis sugerencias con mi voz te salvaré
Mentiras, bromas, realidades mi secreto - sólo lo sé

Estribillo: Soy gitana misteriosa, vagabunda mundial
Mi mirada es poderosa y mi voz universal

2. Sugiero que siempre trates las arañas con afección
   Aviso que le des limosna a la vieja en un rincón
   Aconsejo que no te cases con tu amor el mes de mayo
   Recomiendo que no viajes a las montañas a caballo

Estribillo

3. Vienen de las montañas y de valles para consultarme
   Los ricos de sus mansiones y los pobres para rogarme
   Los cristianos, los moros, los príncipes, los sirvientes
   Los viejos y amargados, los jóvenes e inocentes

Estribillo

6.   El canto de la gitana

Words and music by Patti Lozano

Pa- sa por las cor- ti- nas a la os- cu-ri- dad de mi lu- gar Sién- ta-te y pre- gún-ta- me de tu fu- tu-ro y - de la ver- dad Es- cu- cha bien mis su- ge- ren- cias Con mi voz- te sal- va- ré ¿Men- ti- ras, bro- mas o re- a- li- da- des? Mi se- cre-to- só-lo lo sé - Soy gi- ta- na mis-te-ri- o- sa, Va- ga- bun- da mun- dial Mi mi- ra- da es po-de- ro- sa, Y mi voz u- ni- ver- sal Soy gi-

7. Caipora, el Padremonte
Una leyenda de Brasil

En nuestro mundo hay muchos que respetan la belleza de la selva tropical, y entienden la importancia de cada árbol y animal. También existen aquéllos que quieren, a cualquier precio, sacar ventajas de sus fuentes naturales. En Brasil, quienes aman la selva tropical hablan con respeto acerca de Caipora, el Padremonte.

Caipora es un poder omnipotente que gobierna la selva, cuida de sus habitantes y castiga a aquéllos que amenazan sus tesoros naturales. Nadie ha visto a Caipora, así que, en realidad, no se sabe cómo es, pero hay varias leyendas que tratan acerca de su presencia en el bosque. En ésta vamos a conocer entonces a dos jóvenes trabajadores que tienen un encuentro fatídico con Caipora, el Padremonte.

Dos leñadores jóvenes iban juntos cada mañana a trabajar en el monte cerca del pueblo donde vivían con sus esposas e hijos.

Toño, seis meses mayor que su compañero, Chico, nunca dejaba de maravillarse de la selva cada vez que iba al monte. Mientras caminaba admiraba la delicadeza de las flores tropicales que crecían entre las raíces macizas de los árboles. Miraba con placer a las formas graciosas de las enredaderas gruesas colgando desde las ramas. Trataba de no estorbar las bandadas de flamingos parados en los charcos de agua salobre. Le encantaba ver las innumerables mariposas de colores brillantes y escuchar los monos y guacamayas regañándose indignadamente, arriba en el colchón de hojas verdes.

Su compadre Chico no observaba nada de la naturaleza. Caminaba al lado de Toño siempre hablando en voz alta. No miraba en el sendero que seguían, y así siempre pisaba a los insectos que se movían en las hojas caídas y muchas veces tumbaba los nidos de animales pequeños. Se divertía tirando piedras a los monos en las ramas, para poder escuchar sus gritos cómicos de dolor cuando eran heridos. A Chico no le gustaba ser leñador; se creía destinado a poseer riquezas y fama, y siempre hablaba de sus planes de futuro.

El trabajo de los dos era cortar leña, ponerla en su mochila, y después llevarla a sus casas. Allí quemaban la leña para hacer carbón el cual luego venderían en el pueblo.

Los dos leñadores escogían su lugar en el monte con mucho cuidado. Toño nunca perjudicaba el bosque; buscaba árboles con ramas bajas que podía cortar sin hacer daño. Nunca cortaba demasiadas ramas de un sólo árbol, y jamás cortaba los troncos porque no quería destrozar las casas de los animales que podrían vivir allí. La leña de Toño no era de calidad muy buena y por eso era pobre, pero estaba muy contento con su vida. Cuando Toño descansaba, se sentaba a la sombra de un árbol y tocaba su pipa, una flauta esculpida en madera liviana.

Chico, en cambio, buscaba los árboles más majestuosos y con su machete los cortaba de tronco. No le importaba qué animal viviera en sus ramas, o ni siquiera si el árbol hubiera permanecido allí durante cien años - porque Chico solamente quería leña de la mejor calidad. Chico descansaba de su trabajo con su rifle; practicaba su puntería tratando de matar tucanes, ocelotes, y otros animalitos.

Un día Chico no fue al monte porque quiso quedarse en el pueblo con los amigos. Toño se fue solo y entró al bosque con gran placer porque la verdad era que no disfrutaba la compañía de Chico. Sin embargo pronto percibió que ese día en el bosque todo era diferente... peculiar... expectante... Los pájaros no cantaban y los monos se sentaban en las ramas mirando sin hacer ruido. Toño vio a los ojos de otros animales mirando a hurtadillas desde los helechos. El aire no se movía: parecía espeso, sin embargo los árboles parecían estremecerse con anticipación. Toño estaba inquieto y temeroso pero no sabía por qué.

De pronto sintió un viento frío y después una niebla gris cubrió el bosque y ya no vió nada más. Escuchaba muchos ruidos salvajes que no reconocía. Toño ahora se sentía aterrorizado. Se quedó paralizado, no podía trabajar ni regresar al pueblo. Siempre había atesorado el bosque pero ahora pensaba que quizás hoy se moriría allí.

Se arrodilló en las hierbas y cerró los ojos para no ver la oscuridad espantosa. Al poco rato olía un aroma dulce y agradable como a pasto recién cortado. De pronto la tierra empezó a agitarse con pasos pesados; Toño abrió los ojos con terror y vio que de las tinieblas salía una aparición monstruosa. Un viento suave murmuraba el nombre *"Cai...po...ra"* y Toño se dió cuenta que era el legendario Caipora, el Padremonte.

Toño se levantó y con la cabeza inclinada, se paró delante del enorme cuerpo. Se sentía paralizado por el miedo y temía el momento en que los colmillos afilados penetraran en su cuello. Pero eso no sucedió.

—¡Mírame, hombre!— mandó el Caipora.

Lentamente Toño miró desde las patas hasta la cabeza del ser espantoso. Era enorme, y su piel tenía el color y la textura de las hierbas. Sus uñas eran ásperas, desiguales como la corteza del pino. Tenía la cabeza de lobo con los colmillos blancos, y los ojos brillantes y amarillos como los del jaguar. La característica que más asustaba era que tenía los pies invertidos, ¡con los dedos hacia atrás!

Caipora se fijó en la figura del hombre desdichado, y gritó muy fuerte. Toño vio con asombro que de la grotesca boca abierta salían mariposas anaranjadas y semillas pequeñas, que al caer en la tierra inmediatamente crecían y florecían, convirtiéndose en hermosas flores.

—¡Toca tu pipa, hombre!— mandó Caipora.

—¡Sí!— balbuceó Toño y rápidamente la sacó de su bolsa y tocó una melodía hermosa.

Caipora cerró sus ojos amarillos para escuchar, mientras de su cuerpo desprendía el aroma de las hierbas frescas. Todo el bosque parecía quedarse quieto para gozar las notas de la pipa del hombre.

—¿Me das tu pipa?— pidió Caipora cuando la canción se acabó.

—Sí... con placer— contestó Toño humildemente, ofreciéndosela con la mano todavía temblando.

El Padremonte la tomó en su pata inmensa y se fijó en el leñador una vez más, luego se dio vuelta abruptamente, y otra vez desapareció entre las tinieblas.

Toño se arrodilló y suspiró con alivio. Permaneció inmóvil por mucho rato, pero poco a poco se dio cuenta que la niebla se había levantado y los ruidos de la selva habían regresado a los de un día regular.

—Quizás fue un sueño— pensó Toño —¡tengo que trabajar mucho para olvidar esta experiencia!

Empezó a cortar las ramas más bajas con mucho cuidado y al anochecer volvió a su casa con su mochila llena de leña como siempre.

Después de la cena empezó a quemar la leña como de costumbre, pero notó con sorpresa que esa madera produjo el mejor carbón que había hecho en su vida. A la mañana siguiente llevó el carbón al pueblo y sus clientes se maravillaron de su buena calidad. Ganó mucho dinero con ese carbón.

De allí en adelante, no importaba de dónde Toño cortara la leña, el carbón siempre salía de una calidad superior. Entraba a su querido bosque con alegría y sin temor de un nuevo encuentro con Caipora. A veces pensaba escuchar las notas de su flauta soplando en las brisas. En pocos meses el carbón de Toño se hizo muy reconocido; él se convirtió en una persona muy rica y tenía mucho tiempo para descansar, jugar con sus hijos y gozar de la vida.

Chico siguió la rutina monótona de caminar al bosque todos las mañanas. Sentía mucha envidia en las tardes cuando pasaba por la casa de Toño, tambaleando por el peso de la leña en su mochila, y éste lo saludaba desde su porche.

—¿Cómo es posible que mi compadre, que casi no trabaja, se haya vuelto tan rico, mientras yo, que corto tantos árboles diariamente, todavía soy pobre?— se preguntó.

Finalmente un día Chico no pudo contener la curiosidad y dijo a su compadre —Por favor, dime el secreto de tu buena fortuna.

Toño todavía se maravillaba de su encuentro con Caipora y muchas veces dudaba que en realidad hubiera vivido esa experiencia; por eso se sentía avergonzado de contar demasiados detalles.

—Pues, me supongo que mi fortuna cambió el día que tú no fuiste a trabajar y me encontré con Caipora, el Padremonte.

—¡Te encontraste con Caipora - el Monstruo de la Selva Tropical!— exclamó Chico —¿Qué te hizo?

—Pues, tuve mucho miedo— admitió Toño —pero no me hizo nada. Pidió mi pipa y yo se la di - es todo.

Chico estaba enloquecido de envidia. —¿Una pipa - es todo?—pensó él —pues, yo fumo todo el tiempo... tengo muchas pipas en mi casa. Yo escogeré una de las mejores para regalar a Caipora - ¡y pronto me hará tan rico como a Toño!

La mañana siguiente Chico entró al bosque, se paró entre los árboles y gritó con voz malhumorada —¡Caipora! ¿Dónde estás? ¡Caipora! ¡Soy Chico... un leñador! ¡Muéstrate aquí!

De repente el sol en el bosque brilló con luz insoportable y con un grito terrible salió Caipora. El aire se llenó con el olor a hojas podridas.

—¡Mírame, hombre!— mandó Caipora.

Chico sintió un temor repentino.

—Mira, Caipora, ¿puedes darme buen carbón? Te traje mi pipa. Tómala.

Con mano temblorosa le ofreció su pipa favorita - llena de tabaco, lista para fumar.

Caipora gritó furioso, y de su boca abierta salieron avispas y víboras, y con un golpe de su pata destrozó la pipa del hombre.

—¡Tú destrozas mi bosque! ¡Tú matas mis árboles y mis animales! ¡Tú, leñador miserable, nunca más volverás a dañar mi bosque! —gritó Caipora enfurecido.

El viento sopló, y torbellinos de hojas escondieron completamente la figura del Protector del Bosque y del leñador desgraciado. Cuando el viento se calmó y las hojas se asentaron en la tierra, ambos - Caipora y Chico - habían desaparecido. Chico no volvió al pueblo esa noche, ni nunca más.

Por lo general las personas que viven en el pueblo no entran al bosque durante la noche, porque la oscuridad total atemoriza, y también porque muchos animales se vuelven más agresivos y sin miedo.

También se habla de la aparición misteriosa que flota incansadamente por las noches entre las ramas de los árboles. Es la forma espantosa de un hombre agonizante con una pipa quebrada en la boca, y sus pies están invertidos, con sus dedos hacia atrás.

45

7. El Caipora

Words and music by Patti Lozano

Estribillo:

En las ramas, el Caipora,
Amo del bosque y protector
La omnipotencia de su presencia
Llena cada árbol, cada flor
En las hierbas, el Caipora,
Padremonte y conductor
Por agua, aire, tierra y sangre
Juzga su mundo con fervor

Toño, Toño, Toño trabajaba en el bosque
Trabajaba en el bosque sin cesar
Toño respetaba las plantas y animales
Toño cuidaba las joyas naturales
Toño no cortaba los troncos tropicales

Vino el Caipora - Toño lo miró
Chispas en los ojos - Toño estremeció
¡Ay! ¡Qué susto!   Un rezo balbuceó
El Caipora le dejó escapar

Estribillo

Chico, Chico, Chico trabajaba en el bosque
Trabajaba en el bosque sin cesar
Chico sí mataba las plantas y animales
Chico sí robaba las joyas naturales
Chico sí cortaba los troncos tropicales

Vino el Caipora - Chico lo miró
Chispas en los ojos - Chico sonrió
¡Ay! ¡Qué sorpresa!   Su pipa ofreció
El Caipora en espanto se cambió

Estribillo

7. El Caipora

Words and music by Patti Lozano

En las ra- mas El Cai-po- ra, A-mo del bos-que y pro-tec- tor La om-
ni-po-ten- cia de su pre-sen- cia in- va-de ca- da ár- bol, ca- da flor
En las hier- bas, El Cai-po- ra, Pa- dre-mon- te y pro-tec- tor Por
a- gua, ai- re, ti- e- rra y san-gre, Juz- ga su mun-do con fer- vor.
To-ño To-ño To-ño tra-ba- ja-ba en el bos-que Tra- ba-ja- ba en el bos-que sin ce- sar.
To- ño res-pe- ta- ba las plan-tas y a- ni-ma-les, To- ño cu- i-da-ba las
jo-yas na-tu- ra- les To-ño no cor-ta-ba los tron- cos tro- pi -ca- les
Vi-no el Cai-po- ra To-ño lo mi- ró Chis-pas en los o- jos To-ño es-tre-me- ció
¡Ay! ¡Qué sus-to! Un re- zo bal-bu-ceó- El Cai-po- ra le de- jó es- ca- par

8. Los Árboles de las Flores Blancas
Una leyenda de México

¿Cuál tiene más fuerza: el amor o el odio?   Esta antigua leyenda mexicana examina esas fuerzas opuestas, y al mismo tiempo explica cómo llegó el árbol de magnolia a la Ciudad de México. Es interesante notar que los pétalos de las flores blancas de este árbol son tan delicadas que al tocarlas se dañan, pero tienen una fragancia hermosa y fuerte que no se desvanece con facilidad.

En el siglo XV los zapotecas festejaron que un joven rey acababa de ocupar el trono en la bella ciudad de Juchitán, en la región de México que hoy en día se llama Oaxaca. El nuevo rey se llamaba Cosijoeza y era sabio, benévolo y valiente. Aunque era un guerrero distinguido, le gustaba igualmente gozar de la hermosura de la naturaleza. En su palacio tenía jardines extensos con mucha variedad de plantas, flores y árboles que le daban placer, así como bancas de piedra en los cuales le gustaba sentarse y desde allí admirar los alrededores. En todos sus jardines tenía una cierta especie de árbol favorito que valoraba más que a los demás; era alto y daba sombra con sus lustrosas hojas verdes, y tenía grandes flores blancas que daban una fragancia celestial. Estos árboles solamente se encontraban dentro del palacio de Juchitán, pero eran conocidos y codiciados hasta en civilizaciones muy lejanas.

Una tarde llegaron unos emisarios del poderoso rey azteca Ahuitzotl. Ahuitzotl y los aztecas eran los enemigos de Cosijoeza y los zapotecas. Habían ocurrido muchas batallas sangrientas entre las dos tribus. Los guardias de Cosijoeza, ubicados en las paredes, inmediatamente se pusieron alertas temiendo una pelea. Pero los emisarios habían llegado únicamente con el propósito de entregar un mensaje al joven rey zapoteca.

—Nuestro amo, el rey de los aztecas, Ahuitzotl le manda saludos... También le pide que nos dé algunos Árboles de las Flores Blancas para plantar en los canales de nuestra magnífica ciudad, Tenochtitlán.

Cosijoeza fingió pensar la petición pero la verdad era que odiaba al rey azteca, y jamás hubiera querido compartir sus árboles tan preciados con los enemigos.

Después de una pausa dijo —No, no es posible. Estos árboles jamás saldrán de mi reino. Váyanse ya porque ésta es mi respuesta final.

Los emisarios se marcharon muy sorprendidos y con expresión de enojo por el insulto. Cosijoeza se sentó en su jardín para meditar sobre el asunto. Sabía que su enemigo Ahuitzotl ahora mandaría a sus guerreros aztecas a luchar contra los zapotecas y tratarían de tomar Los Árboles de las Flores Blancas a la fuerza. Se sintió triste; no quería una batalla sangrienta en su reino, y no quería causar la muerte sin sentido de cualquier zapoteca.

—Pues— pensó el joven rey —la vida nunca es simple. Más vale que nos preparemos.

Luego reunió a sus jefes guerreros y les advirtió que algún día cercano los aztecas iban a atacar a Juchitán.

—Tenemos que prepararnos para el ataque— dijo Cosijoeza —todos ustedes saben que los aztecas son numerosos y poderosos, y que sus dioses son sanguinarios y crueles, además están muy enojados porque yo los insulté. Ustedes, mis guerreros valientes, tendrán que luchar con todo su poder para salvar sus vidas y las de las familias del reino. Preparen las paredes de protección, los sótanos de escondite y las flechas envenenadas.

Los guerreros comunicaron las predicciones angustiantes y las órdenes explícitas de Cosijoeza a través de Juchitán; la gente asustada trabajó mucho para prepararse para el ataque tan temido.

Mientras tanto los emisarios de Ahuitzotl regresaron a Tenochtitlán y contaron la respuesta insultante del joven rey zapoteca. Como lo había anticipado Cosijoeza, el rey azteca se puso muy enojado.

—¡Reuniré mi ejército y destrozaré ese rey insignificante! ¡El corazón de ese insolente rey zapoteca será el primer sacrificio de la batalla que ofreceremos a nuestro dios de la guerra Huitzilopochtli!— gritó.

Luego se calmó y comenzó a pensar. El rey azteca era muy astuto, igual al joven enemigo zapoteca.

—No— dijo —no, mejor voy a hacerle una trampa. No gastaré la sangre de mis guerreros. Todavía puedo sorprender al enemigo... tomaré muchos prisioneros, y al mismo tiempo podré llevarme todos Los Arboles de las Flores Blancas.

Entonces llamó a Coyolicatzín, su hija más bella e inteligente. Le explicó su plan y la muchacha escuchó atentamente.

—Hija mía, quiero poseer Los Árboles de las Flores Blancas, y conquistar el reino zapoteca a la misma vez. Es necesario que me ayudes. En tres días saldrás de Tenochtitlán acompañada por dos criados. El viaje al reino zapoteca será largo y difícil. Cuando llegues allí, fuera de la ciudad,

te lavarás en el río y luego te pondrás la ropa más hermosa y tus joyas más preciosas. ¿Me entiendes?

—Sí, papá— contestó Coyolicatzín, confundida pero atentamente.

Ahuitzotl siguió —Luego, sin los criados, buscarás el palacio del rey zapoteca. Pasa a través de los portales con decisión, de modo que nadie te haga preguntas. Allí encontrarás jardines extensos con Los Árboles de la Flores Blancas. Espérate allí. El joven rey ingenuo te encontrará en su jardín y deberás hacerlo enamorarse de ti. Tú debes fingir estar enamorada de él también. Te casarás con el rey zapoteca y tendrán una gran boda.

A Coyolicatzín no le gustó esto, pero bajó la cabeza, suspiró y dijo —Sí, papá - para usted y para Tenochtitlán.

—No será para siempre— prometió Ahuitzotl —despúes de la boda tu tarea será descubrir, poco a poco, todos los secretos del rey zapoteca. Cuando sepas todo, volverás a Tenochtitlán con la excusa de visitar a tu tribu. Me dirás todos sus secretos, y luego ¡nuestro ejército marchará a Juchitán para destruirlos! Tú, mi princesa, te quedarás en Tenochtitlán, y todos te admirarán por tu valentía y destreza. Luego podrás casarte con un noble guerrero azteca de tu elección, y nunca más volverás a Juchitán.

—Yo haré lo mejor que pueda para honrar a usted y a nuestra tribu— prometió Coyolicatzín, y se alejó del templo de su padre para comenzar los preparativos del viaje.

Mientras tanto, en Juchitán Cosijoeza estaba inquieto. Tenía el presentimiento de que el enemigo iba a atacar pero esto no había sucedido; todos los caminos que conducían a su reino se quedaban extrañamente quietos. Cada día él se sentaba en una banca de su jardín para descansar, pensar y planear estratégias de batalla.

Cierto día, cuando estaba sentado allí, vio a una joven mujer bella, sola, y hermosamente vestida, recostada contra el tronco de uno de Los Árboles de las Flores Blancas.

—¿Quién eres?— preguntó sorprendido Cosijoeza —pareces una princesa bajada de un templo en el cielo.

Ella sonrió, se puso roja y contestó —Vengo de tierras ajenas... estoy perdida, y ando en busca de la felicidad.

Cosijoeza sintió curiosidad por conocer a la misteriosa mujer, y se sintió muy atraído por ella también. La invitó a su palacio, y ella, de acuerdo con el plan de Ahuitzotl, aceptó la invitación.

Dentro del palacio zapoteca, Coyolicatzín se fascinó por las diferencias entre su propia cultura y la del joven rey. Ella aprendió muchas palabras nuevas en el idioma zapoteca, probó numerosas frutas y vegetales que eran desconocidas por ella, y aprendió a hacer artesanías y ropa característica de la región. Se olvidó de ser misteriosa, en cambio tenía muchas preguntas y comentarios . El joven rey dejó a un lado sus problemas, y disfrutó de la conversación con la hermosa mujer. En pocos días Cosijoeza se había enamorado completamente y pidió casarse con ella.

—Quiero que seas mi esposa, y además te conviertas en la reina de los zapotecas.

De pronto Coyolicatzín recordó lo prometido a su padre y contestó —Es difícil que yo sea tu esposa porque mi padre es el rey azteca, Ahuitzotl.

Cosijoeza se puso muy enojado. Se dio cuenta del engaño de la muchacha y ya no quiso hablar más con ella. Llorando mucho, Coyolicatzín volvió a Tenochtitlán y admitió ante su padre que había fallado en su misión. Ahuitzotl se sintió disilusionado pero perdonó a su hermosa hija. Resolvió buscar otro plan para vencer al arrogante rey zapoteca.

En Juchitán el rey zapoteca estaba amargamente destrozado por el engaño de la joven mujer; ya no le importaba nada. Incluso sus queridos Árboles de las Flores Blancas no le daban placer. Sin embargo, después de un tiempo, el se dio cuenta que todavía deseaba casarse con Coyolicatzín a pesar de su falsedad.

Luego mandó cinco emisarios zapotecas al rey Ahuitzotl en Tenochtitlán, con sus manos cargadas de riquezas - pájaros tropicales, floreros magníficos, collares de plata, jarras de miel, y más.

—Nuestro benévolo rey Cosijoeza le ofrece estos regalos de Juchitán y respetuosamente pide la mano de la princesa Coyolicatzín —dijo el jefe de los emisarios.

¡Qué alegría sintió Azuitzotl; su plan tenía éxito! Aceptó las riquezas con cordialidad, y anunció que la bella Coyolicatzín se casaría con el rey zapoteca. La joven volvió a Juchitán muy feliz, y después de tres meses de preparativos, todo el reino celebró la boda de la hermosa princesa azteca con el querido rey zapoteca.

Cosijoeza y Coyolicatzín se ponían cada día más contentos y enamorados. La gente zapoteca adoraba a la reina bella e inteligente. Toda la región prosperaba bajo el reinado del matrimonio feliz. A Cosijoeza le gustaba contar todo a su esposa. No le ocultaba ningún secreto del reino, y la consultaba para todas las decisiones importantes. En poco tiempo Coyolicatzín sabía cómo se reforzaban las paredes del palacio, dónde estaban los sótanos de escondite y especialmente cómo preparar el veneno para las flechas. También recordaba que su padre en Tenochtitlán esperaba esta información cada día más desesperadamente. La joven reina se sentía afligida por su dilema; tenía que obedecer a su padre, aunque amaba a su esposo con todo el corazón, así como también al pacífico pueblo zapoteca; sabía que nunca más sería capaz de traicionarlos.

—¿Qué hago?— pensó llorando —¡soy yo la que está metida en la trampa de mi padre!

Finalmente decidió —Mi esposo es un hombre comprensible y me ama. Yo le contaré toda la verdad.

Esa tarde Coyolicatzín invitó a su esposo al jardín, y se sentaron bajo uno de Los Arboles de las Flores Blancas, el mismo árbol donde se habían visto por primera vez. Coyolicatzín, temblando y sollozando, confesó toda la conspiración junto a su padre, desde su comienzo en Tenochtitlán.

Cosijoeza escuchó todo, y luego la abrazó y la calmó con palabras cariñosas; —Te perdono, esposa mía, has demostrado lealtad a mi reino en todas tus acciones y confío plenamente en ti.

El rey sintió una profunda compasión por su joven esposa que durante tantos meses había guardado una carga tan pesada en su corazón. —¿Qué puedo hacer para demostrarle mi perdón y mi amor?— pensó el rey mirando a las hojas de su árbol tan querido, y de repente supo la solución.

Al día siguiente Cosijoeza mandó como regalo al rey azteca diez grandes Árboles de las Flores Blancas. El amor había conquistado su odio. Ahuitzotl, el poderoso rey azteca, y Cosijoeza, el bondadoso rey zapoteca, jamás volvieron a pelear.

Aún hoy se pueden ver Los Árboles de las Flores Blancas - *las magnolias* - en Tenochtitlán, la antigua capital de los aztecas, ahora conocida por todo el mundo bajo el nombre de Ciudad de México.

8. La Magnolia

Words and music by Patti Lozano

Melodía aguda:

Ven, mira la flor
Hermosa la flor
Blanca, suave y fina la flor
Ven, mira la flor
Hermosa la flor
Los pétalos de terciopelo

Frágil es, pero fuerte es
Su fragancia en la memoria   (2X)

Melodía grave:

Siempre se celebran ejércitos fuertes
Siempre se escriben lindas poesías
Jactándose las guerras y batallas sangrientas
Siempre se erigen esculturas altas
Siempre se componen obras teatrales
Honrándose a los generales triunfantes

Pero el mejor - El gran conquistador
Es sólo el amor   Simplemente es amor   (2X)

Entre los países hay competiciones
Entre los equipos hay exhibiciones
Mostrándose al mundo sus hazañas invencibles
Entre las familias hay discusiones
Entre los vecinos hay altercaciones
Disputándose las amistades de sus hijos

Pero el mejor - El gran conquistador
Es sólo el amor   Simplemente es amor   (2X)

Todos:

Amor siempre
Amor eternal
Amor es la fragancia
La fragancia inmortal

8. La Magnolia

Words and music by Patti Lozano

Melodía aguda:

Ven, mi- ra la flor Her- mo- sa la flor
Blan- ca, sua- ve y fi- na la flor
Pé- ta- los- de ter- cio- pe- lo
Frá- gil es, pe- ro fuer- te es su fra-
gan- ci- a en la me- mo- ri- a.

Melodía grave:

Siem-pre se ce-le-bran e- jer- ci- tos fuer-tes, Siem-pre se ce- le- bran lin-das po- e- sí- as,
Jac-tán-do- se las gue- rras y ba- ta- llas san-gri- en- tas
Pe- ro el me- jor - El gran con-quis- ta- dor - Es

Todos:

só- lo el a- mor - Sim- ple- men-te es a- mor. (A-
mor - si- em- pre - A- mor - e- ter- nal - A-
mor es la fra- gan- ci a La fra- gan- cia in- mor- tal

El origen del nopal
Una leyenda de México

México es una linda tierra de paisajes diferentes: hay montañas majestuosas, playas cristalinas, selvas húmedas y ciudades ajetreadas. Pero más que todo, cuando uno piensa en un sólo paisaje de México se presenta la imagen del cacto en el desierto. El cacto más conocido y querido es el nopal, una planta baja y punzante. Se desarrolla adoptando formas muy interesantes, y sobre las hojas crecen frutas que se parecen a peras rojas. Es una planta muy útil; se come la hoja como una verdura, y la fruta es una delicadeza. Este nopal, que se encuentra frecuentemente en las artesanías mexicanas hoy en día, fue utilizado en el escudo azteca hace quinientos años. La leyenda que sigue nos relata el origen del nopal.

Hace muchos siglos vivían varias tribus de indios en esa tierra que hoy se llama México - los mayas, los zapotecas, los toltecas - y muchas más. La tribu de los aztecas era nómada; ellos no eran simpáticos con nadie: las demás tribus decían que eran "chichimec," que se traduce como "los bárbaros" o "hijos de perros," a causa de su crueldad en el combate y el sacrificio sangriento de los prisioneros de guerra.

Cerca del año 800 los aztecas estaban viviendo en siete cuevas cuando el dios Huitzilpochtli les dio un mandato misterioso: —Busquen una tierra nueva donde luego construirán una gran ciudad.

—¿Cómo sabremos si la tierra es buena?— preguntaron los indios.

—Encontrarán un águila encaramada en un nopal, devorando una serpiente. Construirán la ciudad en ese sitio.

La tribu de aztecas empezó entonces una larga caminata en busca de estas señales. Siempre los acompañaba Huitzilopochtli, el dios de la guerra. Anduvieron errantes durante muchos siglos buscando el signo especial.

Finalmente cerca del año 1300 los aztecas llegaron al gran valle de México donde vieron el lago Texcoco. El supremo sacerdote reunió la tribu y anunció —Este lugar es bueno. Aquí viveremos hasta que nuestros dioses nos den la señal que nos muestre dónde construir nuestra ciudad.

La zona alrededor del lago Texcoco era muy inhóspita; era un verdadero pantano lleno de víboras venenosas. Tenían que viajar hasta las montañas para traer agua saludable, y la tierra era infecunda para el cultivo.

Tribus bien establecidas ya rodeaban las montañas, así que los aztecas tenían que hacer su comunidad en una isla grande en medio del lago Texcoco.

Los aztecas eran muy trabajadores, y enseguida se pusieron a construir su ciudad. La vida era difícil; tenían que alimentarse con carne de víbora y pato, peces y las larvas de los mosquitos que llenaban el aire. Poco a poco, año tras año, la ciudad crecía mientras los aztecas esperaban la señal que su dios había prometido.

Huitzilopochtli, el dios más cruel, vivía con los aztecas y exigía los sacrificios de corazones humanos. Los aztecas lo adoraban, y a la misma vez le tenían mucho miedo. Para satisfacer su necesidad de sangre, los aztecas continuamente hacían guerra contra tribus vecinas con el sólo propósito de juntar prisioneros destinados al sacrificio. Todo el mundo temía y odiaba a los aztecas; mientras su tierra y la ciudad prosperaban, su crueldad y su poder también aumentaban.

Huitzilopochtli tenía una hermana que vivía muy lejos, al norte, en una tribu pacífica. La pobre mujer sufría mucho pensando en la pena que causaba su hermano. Su hijito se llamaba Cópil: aunque era todavía un niño, era inteligente y compasivo, y observaba el sufrimiento de su madre.

—Cuando yo sea grande— declaró el muchacho —marcharé al sur, y haré prisionero a mi tío para que no pueda causar tanto dolor.

—No, hijo— dijo su madre —no busques a tu tío jamás. Es poderoso y cruel. No podrás vencerlo.

Cópil veía que su promesa asustó a su madre y no dijo nada más, pero durante su juventud la voluntad de detener a su tío salvaje siguió creciendo.

Pasaron muchos años. Ahora Cópil era un joven hombre valiente, y nunca había olvidado su resolución de conquistar a su tío. Había pasado años de entrenamiento, y ahora tenía el cuerpo atlético y musculoso, y la mente alerta y lista de un general. Cópil formó un ejército de mil hombres, se despidió de su madre y empezó la larga marcha a la ciudad de los aztecas.

Después de muchas semanas el ejército llegó al bosque que rodeaba las afueras de la ciudad. Cópil decidió pasar la noche allí; a la mañana siguiente entrarían a la ciudad para capturar al dios Huitzilopochtli.

Cópil no sabía que los aztecas tenían espías escondidos en el bosque, los cuales escucharon las estrategias de sus soldados. Durante la noche éstos corrieron a contarle a Huitzilopochtli todos los detalles del ataque.

Huitzilopochtli se puso muy enojado, y su voz resonaba como el trueno cuando dio esta orden terrible: —A medianoche mis tres sacerdotes irán al bosque y encontrarán a Cópil. Mientras mi sobrino duerme, le sacarán el corazón y me lo traerán como ofrenda.

Los tres sacerdotes partieron en su misión, contentos de obedecer al dios sanguinario. Llegaron al bosque y fácilmente encontraron el ejército de Cópil. Los soldados estaban tan fatigados de su larga marcha, que ninguno se despertó ni sintió la presencia de los cautelosos sacerdotes. Distinguieron a Cópil por su cinturón adornado y su collar de plata. Los tres sacerdotes se pararon sobre el joven capitán, mirándolo dormir. El sacerdote supremo sacó de su cinto la piedra afilada usada específicamente para los sacrificios. Se agachó y rápidamente con un sólo golpe, partió el pecho de Cópil, metió la mano y sacó el corazón palpitante. Cópil se murió sin saber nada.

Los tres sacerdotes volvieron a la ciudad y entregaron el corazón a Huitzilopochtli. El dios lo tomó con satisfacción pero habló con tristeza.

—¡Qué joven ingenuo, mi sobrino! ¿Cómo pensó que podría vencerme a mí? Ingenuo, pero muy valiente... No quiero que se olviden del valor de mi sobrino. Lleven su corazón a la pequeña isla cercana, en el lago; entiérrenlo allí entre las rocas y las hierbas.

Los tres sacerdotes obedicieron las órdenes de Huitzilopochtli.

A la mañana siguiente ellos volvieron a la isla, y descubrieron que durante la noche había crecido una magnífica planta de nopal entre las piedras y hierbas, en el mismo lugar donde habían enterrado el corazón.

—Esta planta ha crecido del corazón de Cópil— dijo el sacerdote supremo —La fruta roja nos recordará su valor y el sacrificio de su vida.

Mientras miraban el nopal, un águila inmenso se bajaba con gracia y posaba en una hoja punzante. Cargaba una serpiente en las garras. En ese momento el valle se puso oscuro y hubo un relámpago tremendo. Los tres sacerdotes escucharon la voz poderosa de Huitzilopochtli.

—Ya no viviré con la tribu. Los guiaré desde mi habitación en el cielo. Hónrenme con los sacrificios de corazones humanos, y durante muchos siglos ustedes permanecerán como la tribu más poderosa de la tierra.

Los tres sacerdotes se arrodillaron, y admiraron el águila y el hermoso nopal, la señal que su dios les había prometido hace trecientos años.

Los aztecas permanecieron en el lago Texcoco, y allí construyeron la ciudad más bella y magnífica que su tierra haya conocido. Nombraron su ciudad "Tenochtitlán" en honor de Tenoch, el supremo sacerdote.

Todavía existe una ciudad magnífica y enorme en el mismo lugar; se llama la Ciudad de México. El escudo azteca - el águila encaramada en el nopal, devorando una sirpiente - se observa todavía en la bandera mexicana.

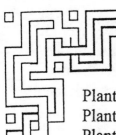

9. Plantaremos una flor

Words and music by Patti Lozano

Plantaremos una flor en nuestro jardín
Plantaremos una flor aunque sea chiquitín
Plantaremos una flor - no importa el color
Plantaremos una flor chiquitín - ¡chiquitín!

1. Escogeremos una rosa - no quiero otra cosa
   Escogeremos una rosa para nuestro jardín

Plantaremos una flor, celebramos el amor
Plantaremos una flor chiquitín - ¡chiquitín!

2. Escogeremos un nopal - lo comeremos al final
   Escogeremos un nopal para nuestro jardín

3. Escogeremos un clavel porque huele a miel
   Escogeremos un clavel para nuestro jardín

Versos extras:

4. Escogeremos un clavelón - pondremos más en el balcón
   Escogeremos un clavelón para nuestro jardín

5. Escogeremos un rascamoño - florecerá hasta el otoño
   Escogeremos un rascamoño para nuestro jardín

9. Plantaremos una flor

Plan- ta- re- mos u- na flor en nues- tro jar- dín, Plan- ta- re- mos u- na flor, aun- que se- a chi- qui- tín, Plan- ta- re- mos u- na flor, No im- por- ta el co- lor, Plan- ta- re- mos u- na flor chi- qui- tín ¡Chi- qui- tín! Es-co- ge- re- mos u- na ro- sa, No quie- ro o- tra co- sa. Es- co- ge- re- mos u- na ro- sa pa- ra nues- tro jar- dín, Plan- ta- re- mos u- na flor, Ce- le- bra- mos el a- mor, Plan- ta- re- mos u- na flor chi- qui- tín ¡Chi- qui- tín!

10. Las manchas del sapo
Una leyenda de Argentina

Las ranas del mundo son exquisitas; hay ranas pequeñas que hacen acordar a las joyas, como las de América Central, con ojos rojos brillantes y patas anaranjadas; las de la selva tropical de Sudamérica, engañosamente inocentes, en su arcoiris de colores, que paralizan y matan con su veneno, y por supuesto, las legendarias ranas "toro" de Norteamérica que proyectan un sonido rítmico y profundo, creando melodiosas canciones en las tardes de verano. A la gente que visita el zoológico le encanta mirar las diferentes y exóticas ranas que provienen de alrededor del mundo.

En cambio, a nadie le interesa ver los sapos del mundo. Muchos se burlan del pobre sapo torpe y gordo, con su piel gruesa y áspera de un café aburrido. Algunos tienen miedo del humilde sapo, quizás por la abundancia de superticiones con que se les vincula; que si los tocas, te crecerán verrugas... que son utilizados por las brujas en sus encantos malvados - todo este desprecio a causa de la fealdad del humilde anfibio. Pero ¿saben qué? Ningún sapo pone atención a la indiferencia del mundo. Ellos se sienten orgullosos de su piel, porque les recuerda a un antepasado distinguido, el sapo que una vez voló hasta el cielo. Durante las noches cálidas de la primavera, cuando el aire húmedo llena con los ritmos y cantos de los sapos en los charcos, todavía cuentan la leyenda siguiente - de cómo el sapo llegó a tener sus manchas.

Han pasado muchas generaciones desde que, en una isla lejana, un sapo y un cuervo eran muy buenos compañeros. El cuervo admiraba a su amigo porque sabía nadar, y el sapo admiraba a su amigo emplumado porque sabía volar. El sapo no había explorado mucho el mundo, siempre se había quedado cerca del charco donde vivía con sus papás, sus hermanos y una multitud de tíos y primos. Frecuentemente recibía la visita del cuervo, el cual posaba en una piedra cercana, y con voz ronca y fea hablaba acerca de sus viajes espléndidos sobre colinas, pueblos, y campos llenos de flores. El sapo escuchaba sus palabras con profunda atención. Él también deseaba poder ver esas maravillas algún día, pero más que todo ¡quería sentir la sensación de volar en el aire!

Un día el cuervo llegó al charco, graznando con emoción, y le mostró al sapo una invitación que se había enviado a todas las aves de la isla. La invitación decía:

> **¡Vengan todas las aves a**
> **La Fiesta en el Cielo!**
> **¡Gozaremos de una tarde de baile**
> **Y la celebración de nuestros talentos!**

—¡Por favor, llévame contigo!— dijo el sapo inmediatemente.

—Tú no puedes venir conmigo - ¡tú eres solamente un sapo!— se burló el cuervo del amigo gordo, y luego se fue a hacer sus preparativos para la celebración.

Según la invitación, cada ave tendría que demostrar un talento especial en la fiesta. El cuervo se posó en una rama encima del charco para contemplar su talento especial. Tenía una voz muy ronca, así que no podía cantar muy bien. No... a lo mejor los ruiseñores y los canarios iban a cantar. El cuervo no sabía contar chistes... probablemente los loros y los periquitos iban a entretener a los invitados con chistes divertidos. ¡Es cierto que no podía bailar! Se suponía que los flamencos y las golondrinas iban a bailar. Sin duda las águilas y los cóndores demostrarían la acrobacia aérea. El cuervo empezó a ponerse deprimido. Aún los quetzales y los pequeños pinzones podrían mostrar su plumaje elegante, pero el cuervo tenía únicamente plumas negras aburridas.

De repente se acordó de su vieja guitarra. La sacó y comenzó a practicarla. Le faltaban dos cuerdas, pero por lo menos hacía un ruido interesante. El cuervo tocó su instrumento toda la semana y trató de recordar las letras de las canciones que su padre le había enseñado cuando era un bebé.

La guitarra no estaba afinada y la voz del cuervo era ronca y fea, pero eso no le molestaba: creía que poseer entusiasmo era más importante que poseer talento. Los desdichados sapos que vivían abajo en el charco tenían que escuchar el concierto del cuervo día y noche hasta que todos sufrían de tremendos dolores de cabeza.

Finalmente llegó el día de la gran fiesta. Por la mañana el cuervo pulía la vieja guitarra con hojas secas hasta que brillara, y preparaba su voz haciendo escalas y arpegios. Al mediodía bajó al charco para arreglar su plumaje negro con agua.

—¡Por favor, llévame contigo!— rogó el sapo a su amigo cuando lo vio junto al lago.

—No, no puedes asistir a esta fiesta— dijo el cuervo —no tienes alas, no tienes plumas y no eres un ave. Mañana te diré todo.

El sapo suspiró con gran tristeza y miró hacia el cielo con anhelo. El cuervo no le hacía caso y continuaba peinándose con agua del charco que llevaba en su pico. El sapo estaba a punto de rogar de rodillas cuando de repente vio la guitarra acostada sobre las hierbas silvestres detrás del cuervo, y se le ocurrió una idea maravillosa. Sin decir otra palabra se metió dentro de la guitarra por el espacio donde faltaban las dos cuerdas, y allí se quedó completamente quieto, inmóvil.

El cuervo terminó de arreglarse y observó su reflejo en el agua.

—¡Qué guapo soy!— pensó él, mirándose de todos lados.

—¡Adiós, sapito! ¡Ya me voy!— dijo el cuervo. No veía a su amigo, pero no tenía tiempo para buscarlo porque no quería llegar tarde a la fiesta. Colocó la guitarra entre las garras y se fue volando, y tanto era su entusiasmo y emoción que ni siquiera se daba cuenta del peso adicional de la guitarra que cargaba.

El sapo, escondido dentro del instrumento, estaba jubiloso de conocer la sensación incomparable de volar. Poco tiempo después llegaron a la fiesta en el cielo. El cuervo dejó su guitarra a la entrada y fue de prisa para ver el espectáculo. El sapo permanecía en su lugar escondido y miraba a hurtadillas desde el agujero de la guitarra. ¡Qué elegancia! ¡Qué hermosura! Todos los pájaros más bellos del mundo estaban allí, hablando, riéndose a carcajadas, tomando vino, picoteando semillas.

Pronto comenzaron las demostraciones de destrezas y talentos superiores. Los ruiseñores y los canarios cantaban selecciones de una opereta alemana; los flamencos y las golondrinas presentaban bailes folklóricos españoles; las águilas y los cóndores emocionaban a los invitados con sus hazañas de acrobacia aérea, y los pericos y los periquitos contaban chistes muy cómicos entre los diferentes actos.

—Y ahora yo estoy listo para cantar una balada acompañada por mi guitarra— anunció el cuervo orgullosamente.

El sapo sintió tanto miedo que se puso frío. —¿Qué me harán si me descubren?— pensó él, con sus piernitas temblando.

—No, gracias, Señor Cuervo— dijo el jefe, un arrogante pavo real, —desgraciadamente no hay tiempo porque ¡el baile comienza!

Todos aplaudieron con entusiasmo, cuando se presentó una orquesta de pelícanos; ellos afinaron sus instrumentos y comenzaron a tocar un tango. Todas las aves comenzaron a bailar con frenesí y nadie hizo caso al cuervo que gruñía en un rincón.

El pequeño sapo suspiró aliviado, y volvió a mirar el espectáculo con gusto. La música llenaba su corazón con alegría. Todos bailaban al compás de la música; las cigüeñas con las guacamayas; los flamencos con los tucanes; los canarios con los pinzones; las águilas con las palomas - ¡qué fiesta fantástica!

De repente, sin premeditación, el sapo saltó del agujero de la guitarra y se juntó con las aves. Brincaba de una pata a la otra con el ritmo de la música. Bailaba con mucha agilidad, entusiasmo y alegría; primero con un ruiseñor, luego con una cigüeña, luego con un periquito... hasta que fue la pareja de todos. Las aves estaban encantadas con el pequeño bailarín y para el sapo - pues, ¡era una noche divina e inolvidable! De vez en cuando pensaba en su amigo y se preocupaba por lo enojado que se pondría si lo descubría en el baile de las aves; en esos momentos trataba de esconderse de la vista del cuervo malhumorado.

Finalmente el sapo tuvo que descansar de bailar. Se sentó en una silla, jadeando y su pequeño corazón palpitando. Todas las aves se juntaron alrededor de él y aplaudieron apasionadamente.

—¿Cómo aprendiste a bailar tan divino?— preguntó una gaviota.

—¿Cómo llegaste a la fiesta si no tienes alas?— preguntó un loro.

—¿Tienes hermanos que puedas traer contigo la próxima vez?— preguntó un pinzón.

El sapo no quiso decir nada y se quedó callado.

—¿Sabes cantar también?— preguntó una lechuza.

El pequeño anfibio bailarín no pudo resistir la invitación. ¡Como a todos los sapos del mundo, le encantaba cantar! Se levantó y cantó con su potente voz una canción antigua de amor y traición. Las aves escuchaban con lágrimas en los ojos y cuando las últimas notas se desvanecían, la atmósfera festiva se colmó con gritos de "*¡Bravo! ¡Bravo!*"

Ese ruido sacó al cuervo de su humor melancólico, y se juntó con las aves para ver qué era lo que les entretenía tanto. ¡Qué fastidiado se sintió cuando descubrió que el objeto de admiración era su amigo, el sapo! Pero ¿cómo había llegado a la fiesta? Casi enseguida el cuervo se dio cuenta que el sapo debía haberse escondido dentro de su guitarra. Su corazón se llenó de resentimiento y quiso la venganza. Se colocó dentro del círculo de aves y tomó la mano del sapo asustado.

—Yo soy quien invitó al Sr. Sapo a nuestra fiesta porque conocía su gran talento musical— mintió el cuervo con una gran sonrisa de falsedad— pero ahora está haciéndose tarde, y su familia va a preocuparse, así que tenemos que despedirnos. ¡Adiós!

Agarró con fuerza la mano del sapo, lo metió bruscamente en su guitarra, y comenzó el vuelo de regreso a la tierra.

—Me gustan tus amigos— dijo el sapo, tratando de entablar una conversación.

El cuervo volaba y no contestaba.

El sapo empezó a sentir un temor profundo; tal vez el cuervo quería castigarlo... ¿qué le haría?

—Discúlpame, amigo cuervo, pero yo me escondí en tu guitarra porque quería saber lo que es volar— dijo el sapo.

—¿Quieres saber lo que es volar?— gritó el cuervo— ¡Bien! ¡Ahora te enseñaré!

El cuervo dio vuelta la guitarra y el pequeño sapo salió por el agujero y comenzó a caerse hacia la tierra distante. ¡Qué miedo sintió! ¡No quería morirse! Quería rezar pero no podía; solamente podía gritar —¡*Aaaaaaa!*

Después de caer durante lo que parecía una eternidad, el sapo pegó en la tierra. Aterrizó en las hierbas silvestres cerca del charco y no se murió, pero las piedras pequeñas y afiladas lastimaron mucho su piel. La espalda del pobre sapo se llenó de moretones y cortes que se hincharon. No podía caminar a causa del dolor, allí se quedó sobre la espalda, casi desmayado. A la mañana siguiente un tío lo encontró y lo llevó al charco. Su familia lo cuidaba y lo trataba con algas marinas, y mientras su cuerpo sanaba lentamente, él les contaba acerca del vuelo fantástico y de la fiesta de las aves en el cielo. Poco a poco las heridas sanaron, pero en su piel quedaron manchas descoloridas iguales a las que tienen los sapos de hoy.

El sapo volador se hizo famoso por todos los charcos del mundo. Sapos peregrinos viajaban desde charcos lejanos para ver al pequeño héroe aventurero, tocar las manchas feas de su espalda, y escuchar el cuento de su vuelo increíble.

Aún hoy día, todos los sapos crecen con manchas en la espalda para honrar y recordar a su antepasado valiente. Aunque las ranas del mundo tienen piel suave y colorida, la piel manchada del los sapos muestra su espíritu de aventura y su gran valor.

10. El sapo y su canción

Words and music by Patti Lozano

Estribillo: Yiip Yiip Yiip ¡Escucha
Al sapo y su canción!
De la piedra en el charco canta al mundo
El sapo y su canción

1. El cuervo tiene una guitarra
   Pero soy más popular que él
   El cuervo tiene una guitarra
   Pero soy más popular que él

2. La voz del cuervo es ronca y fea
   Y soy más popular que él
   La voz del cuervo es ronca y fea
   Y soy más popular que él

3. El cuervo vuela y yo sólo salto
   Pero soy más popular que él
   El cuervo vuela y yo sólo salto
   Y soy más popular que él

4. El cuervo es tonto y yo soy listo
   Y soy más popular que él
   El cuervo es tonto y yo soy listo
   Y soy más popular que él

Verso extra:

5. El cuervo es esbelto y yo soy manchado
   Pero soy más popular que él
   El cuervo es esbelto y yo soy manchado
   Pero soy más popular que él

10. El sapo y su canción

Words and music by Patti Lozano

CONTENTS

Note: Each legend is followed by song lyrics and musical notation

The Soldier and the Lady

A legend from the Southwestern United States

Everything that you are going to hear in this story happened over fifty years ago, but the people in this South Texas town remember it and talk about it still, as if it all happened just yesterday.

Martin Bernal was a young soldier, exhausted from many months of marching and training in the army in San Antonio, Texas. Finally, he was given one week of vacation during the month of October, in the year 1940. It was nighttime, when, extremely tired, he drove down the dusty road toward his hometown in the South Texas valley. He was thinking solely of greeting his parents and then lying down in a soft bed, without worrying about anyone waking him up early the next morning.

Suddenly in the distance he saw a figure. The darkness of nightfall made him think that it had to be only his imagination. His old Chevy drew closer; and, with surprise, he realized that the figure was actually a woman standing alone at the side of the road. She flagged him down with her hand. Martin stopped the car and opened the window. She approached the car and said in a soft, low voice, "Please, take me to the dance in the town."

Certainly the soldier didn't know that this evening there would be a dance in his town, and tired as he was, he had no interest in attending it. He detected, however, an urgency in her voice, and he felt strangely captivated by the mysterious woman, so he decided to take her to the dance.

As he drove, Martin glanced at his passenger. She seemed different from all the other women he knew. She was beautiful and pale, with long hair and penetrating green eyes, and she looked fragile yet strong at the same time. While all the women of this era generally wore dresses that barely covered their knees, this young woman wore a beautiful black dress, embroidered with threads of many colors; the hem reached her ankles and the style seemed reminiscent of the previous century. She stared at him without saying a word, so to make conversation he asked, "What's your name?"

"My name is Cruz Delgada," answered the woman. She smiled at him with sad, gentle eyes. They didn't speak again for the rest of the ride, but Martin was already completely fascinated with the mysterious woman.

The dance was already in full swing when they arrived. The air vibrated with the notes and rhythms of the noisy orchestra and the laughter of the dancing couples. Everyone noticed them as they entered, but the solder didn't recognize anyone, and no one greeted him. Everyone stared at them with curiosity: Martin, still wearing his military uniform, and Cruz Delgada, replendant in her beautiful, but antiquated dress. When he invited her to dance, he noticed an uncertain expression cross her face; nevertheless, she did follow him to the dance floor. Martin began to dance, but the woman stood motionless on the dance floor. Cruz stared with bewilderment at the sparkling colors radiating from the dancing couples and seemed confused by the pulsating rhythms of the rock and roll music. She looked at him, her eyes huge with desperation. Hoping to reassure her, Martin smiled and continued dancing, but Cruz suddenly sank to her knees and burst into tears, covering her face with her hands to hide her embarrassment. Some couples stopped dancing in order to observe this little drama, and some of the girls giggled, covering their mouths with their hands, as they watched poor Cruz standing there, not knowing what to do.

At that moment, the band struck the first few well known chords of a famous waltz from the century before. Cruz dried her tears on the lace of her dress, and, with great dignity and her eyes shining in anticipation, she extended her arms to dance with Martin.

They danced and whirled around the dance floor. Cruz seemed to be transported to another world. At times she threw her head back and laughed with joy, and at other times she danced with her eyes closed, blissfully lost in the music. The band, noticing the unusual woman's happiness, continued to play waltz after waltz.

The dance ended at midnight. Cruz took Martin's arm and together they left the dance, both of them very tired but happy. There was a chill in the October night air, and the young woman's body shivered, so in a gentlemanly manner, he lay his military jacket over her shoulders. They got into the Chevy, and the soldier talked to her at length about his military service and all about his family. She listened attentively but didn't make any comments in reply. Little by little Martin felt her sadness return to cover her like a blanket.

"Is something wrong?" he asked her finally. She appeared not to hear him and gave no answer. He saw one tear run down her pale cheek, glistening in the moonlight.

Martin wanted to drop her off at her home, but, when they arrived at the site along the highway where he had first seen her, Cruz simply said in her soft, low voice, "Thank you for everything. It was an unforgettable dance." Then she touched Martin's face gently with her hand, and he was surprised that it left a pleasant but chilly sensation. She closed the car door and quickly disappeared into the darkness.

Martin watched her leave, knowing that he wanted to see her again. For this reason he had purposely left his military jacket with her; now he had a good excuse to meet her again. He looked carefully at the terrain in order to return to the exact same spot on the highway.

When he finally arrived at his house, his family was sleeping. As he lay in the darkness in his familiar bed, the eyes of his mind still followed the enchanted image of Cruz Delgada dancing. When he awoke in mid-morning with the sun shining through his window, his first thought was of the mysterious woman. After greeting his family, he drove his car down the highway looking for the site where he had left Cruz the night before.

In the light of day, the place was quiet and desolate. The only structure he saw was an small adobe hut in the distance. He walked across the dry terrain, between rocks and cactus, until he stood before the wooden door of the hut. Martin smoothed his hair nervously and then knocked on the door. A few minutes passed, and nobody answered. He knocked again several times until finally an old lady opened the door a tiny bit and peered at him wordlessly.

"I'd like to see Cruz Delgada, please," the soldier told her, "Do you know where I can find her?"

"It's not possible," she answered brusquely, trying to shut the door.

"But Cruz has my military jacket. I lent it to her last night," he said.

The old lady looked at him incredulously. After a long pause she repeated in a quavering voice, "It's not possible."

Slowly she came out of the house, and nodded her head to indicate that he should follow her. They walked behind the hut and followed an old path which ended at a tiny cemetary. She stood silently before a weathered gravestone around which grew lovely flowers. The soldier saw with a sudden shock that his military jacket was hung carefully over the gravestone. He moved the jacket to read the inscription:

Cruz Delgada
1842-1873

An eerie chill ran through his bones, and, bewildered, he turned to look at the old woman. With tears in her eyes, she looked at him and said, "Cruz Delgada was my mother."

The Real Family
A legend from Honduras

Tegucigalpa is the capital of Honduras. Nowadays, Tegucigalpa is a big city, but a long time ago when the legend you are about to hear took place, it was just a small and picturesque village. In the suburbs of the town is an old street named Floreana. Midway down and on the right of this shady street stands a certain house that is small, pretty and empty. No one has lived inside this house for many generations. Families do live in the houses around it, and they enjoy the shade given by the tall trees in the patio of that empty home. But no one dares to live inside of it. Do you want to know why?

Well, they say that many years ago a family lived there whose last name was "Real." The family consisted of the father, Don Periquito Real, his wife, Misia Pepa, and their only daughter, Laura. When the Real family came into town, everyone noticed their presence. It was impossible not to see them because they always dressed in bright-colored, flowery clothing. They especially enjoyed shades of blue highlighted with dazzling reds, yellows and greens. It was also impossible not to hear the Real family because they never ceased to talk in loud, harsh voices. If they happened to see an acquaintance during their outings, the family would immediately stop walking and would stand there, waving desperately with their arms, screaming, "HELLO? HOW ARE YOU? HELLO? HOW ARE YOU?" until the mortified person would finally answer them.

Don Periquito had a voice that was both deep and loud; Misia Pepa's voice sounded something like a hoarse ambulance siren; and Laura's voice was high and shrill. Listening to their greetings was not a pleasurable experience, but the Real family didn't mind that people tended to look inexplicably away at their approach because they were very entertained simply listening to the sound of their own voices.

They believed themselves to be very intelligent. They were wealthy and had traveled to the United States. Misia Pepa knew a few words in English which she spoke proudly and frequently, although she actually didn't understand them very well. She called her daughter "Lora," or "Lorita," as the name "Laura" is pronounced in English. She often announced loudly to everyone, "MY LORITA SINGS LIKE AN EXOTIC BIRD!"

At parties, one could often hear the voices of the Real family over those of the rest of the guests. If someone happened to tell a joke, the Real family were the first guests to explode into gales of raucous laughter, many times obliterating the punch line. In the marketplace, over the merchants' imploring voices, one could always distinguish Misia Pepa's shrill voice repeating "HOW MUCH IS IT? HOW MUCH IS IT?" or "I WANT TWO! I WANT TWO!"

The people of Tegucigalpa endured the Real family and really didn't pay much attention to them, until the their mindless gossip began to destroy the town's tranquility. Whatever they happened to hear in one place, they repeated in another. They repeated everything they overheard whether they understood it or not and without realizing that their words could cause a lot of harm and embarrassment. For example, one day in the town's beauty salon, Misia Pepa accidentally discovered a secret, and the next day she announced to the whole village, "SEÑORA VELASQUEZ IS BALD! SEÑORA VELASQUEZ IS BALD!"

Another day, Don Periquito gleefully informed the whole village that Don Tomás owed a certain amount of money to Don Ramón and that Don Tomás had the money hidden but didn't plan to pay him.

The people of the village began to get angry at each other due to the gossip spread around by the Real family. Finally, the town residents decided to limit contact with the three meddlers by not including them in any more parties or town meetings.

This decision didn't bother the Real family at all! They simply spent more and more time in their house, conversing together and cackling with laughter. They were satisfied to rest in their patio chairs and chat from dawn to dusk beneath the shade of the trees. Because they no longer went to town, they had no new tales to share, but they entertained themselves divinely by repeating the same old gossip and phrases.

The day came when the Real family completely stopped going to the market to shop. They didn't want to lose any precious moments of chatter on their patio. It was really not necessary for them to buy food in the market, because nuts and fruits fell down from the trees into their patio every day. The three were quite content just eating fruits and nuts and nothing more. After awhile the family didn't even bother anymore to go inside their house to sleep at nighttime; they stayed outside on the patio. No one from the town saw them anymore, but the constant murmur of their three voices could be heard during warm, humid nights. Many months passed as the Real family continued to live in this manner.

One day, a concerned neighbor entered the Real family's patio. He left immediately, terrified and screaming, "Ay, ay, ay! It's witchcraft!"

Soon a group of neighbors returned with him. They entered the patio and stood there astonished and dumbfounded. There was the Real family, still there chattering in the patio, but it was difficult to recognize them, because they looked more like parrots than people! Their brightly colored clothing had become radiant blue, red, yellow and green feathers. Their arms that had waved so desperately had changed into wings that were flapping the air, and their noses had changed into long, hard beaks. Evidently they had almost forgotten how to speak, because they only repeated short phrases... "HELLO! HOW ARE YOU! HOW MUCH IS IT? I WANT TWO! SEÑORA VELASQUEZ IS BALD!"

When the three became aware of the neighbors' presence, they shrieked and flew up to the security of the tree branches. There they perched, peering down from the leaves, indignantly screaming, "HELLO! HOW ARE YOU!"

The Real family never came down from the trees again. They were more comfortable living among the leaves now that they had become parrots. It is for this reason, that still today, the little house on Floreana Street in Tegucigalpa remains empty. Many parrots squawk and screech from the nearby trees.

These days, one can see these kinds of brightly colored parrots in many parts of Honduras. They shriek, scream and repeat phrases incessantly. In honor of the Real family, some are called "periquitos"—or parakeets— and the others are called "loritos reales!"

Uncle Tiger and Uncle Rabbit
A legend from Venezuela

Throughout the Americas, there is an abundance of stories that tell about the small but clever Uncle Rabbit, who always defeats his rival, the large, but foolish Uncle Tiger. These legends probably originated from tales created by the poor laborers who worked on the rich haciendas and plantations during the nineteenth century. Let's see how Uncle Rabbit wins the battle of the wits this time.

It was the first day of winter, and Uncle Rabbit was sitting in his kitchen feeling very depressed. Through the window he saw that, although it was still quite sunny outside, the tree branches were almost bare of leaves. At the same time, he listened despairingly to the fierce roar of the wind coming down his chimney.

"Poor me!" moaned the rabbit. "What's going to become of me? How am I ever going to survive this winter?"

All of the neighbors had commented to him since September that the coming winter was going to be one of the harshest ever. His friend Raccoon had accumulated and hidden many nuts and berries, and now he rested peacefully inside his house. Bear had a heavy coat of fur, so he wouldn't even feel the chill, and besides, during the wintery season, he slept happily in the back of his dark cave.

Unfortunately, Uncle Rabbit had not prepared for the winter in any way. In fact, he had poked fun at the others as they made their meticulous preparations. "Work is for fools!" Uncle Rabbit always said laughing.

Now, although he was not going to admit it to his neighbors, he was gravely mistaken. In his pantry were two jars of pickles—nothing else. "How will I bear the cold without even a sweater to cover me up?" he worried. "How will I find food when it's snowing? Gosh, I'll starve to death!"

After awhile he left his house in order to walk and contemplate his lamentable situation. It didn't help him that the cold wind made him shiver almost immediately.

Suddenly he saw something colorful lying under a twisted oak tree. Uncle Rabbit walked over out of curiosity and discovered that it was a handsome coat made from very fine wool. It was blue with green, yellow and purple designs and had elegant buttons as well as a hood. The rabbit looked all around for the owner of the exquisite coat but didn't see anybody. Finally he put it on, returned to the path and continued walking. Now he smiled happily and even whistled because the coat had fit him perfectly. "Well, that solves one problem—and it was easy!" he thought. "I'm a lucky fellow and I'm clever too. Now... what to do about the food problem?"

He was so totally lost in his thoughts that he jumped with surprise when Uncle Tiger appeared in the path and called, "Uncle Rabbit, what a lovely coat you have! Where did you get it?"

An idea began to take shape in the rabbit's mind. "This coat? Why, I knitted it myself," he answered indifferently, turning around to show off his handsome coat better.

"You know how to knit?" Uncle Tiger asked incredulously.

"Well, of course I do!" answered the rabbit. "I spend all my evenings knitting in my house. I love to knit!"

Uncle Tiger looked at the coat with envy and thought of the rapidly approaching cold winter. "Rabbit, could you make me a blue coat also? I'll pay you whatever you wish."

The rabbit pretended to consider the offer, and then answered, "Well, my problem doesn't have to do with the money, but, that if I knit you a coat as elegant as mine, I won't have time to go shopping or even to cook my meals. So... I'm really sorry, but I can't help you." He pulled on the hood and acted as if he were about to leave.

"No, no, no! Wait!" called the tiger. "*I* can do your shopping and cook your meals!"

"And will you also bring me the wool you want?" asked the rabbit.

"Of course! No problem. I'll bring you lots of blue wool, and I'll cook you delicious meals while you knit," answered the tiger, as he imagined himself strutting downtown in his beautiful blue coat.

"Very well," said Uncle Rabbit. "If you bring me the wool tomorrow, then we can begin right away."

The following day Uncle Tiger arrived at Uncle Rabbit's door carrying a huge pile of very high quality blue wool in his arms. The rabbit welcomed him, took the wool and sent him off to the market to buy food. Then quickly, before the tiger returned, the rabbit took an old book on the art of knitting out from under his bed. The book had belonged to his grandmother. Although he was lazy, Uncle Rabbit was also quite intelligent, and in a very short time he taught himself how to knit squares of wool.

"Wow! You've really made progress!" said the tiger happily as he returned with bags full of groceries. Uncle Tiger began to cook while the rabbit knitted in the living room.

The winter passed in this manner. Outside the snow fell and the storms raged, the lakes froze over and icicles hung from the tree branches, but the rabbit never had to leave his home. He stayed in his rocking chair by the fireplace, knitting thousands of wool squares. He became quite plump eating the tiger's scrumptious meals.

Uncle Tiger, the poor fool, was contented just looking at the growing pile of blue squares, although he did feel exhausted on account of so much work. Every day he trudged through the snow to the market because the little rabbit was always hungry. The unfortunate tiger had become quite skinny.

Every morning as he arrived with his bags full of wool and food, he asked, "Is my blue coat finished?"

"It's almost ready," the rabbit always answered.

"Don't forget the hood and the buttons!" the tiger always reminded him as he went to the kitchen to begin his chores.

One morning as Uncle Tiger walked to Uncle Rabbit's house, he happened to notice that the ice on the roofs was starting to melt. He listened to the birds' singing, he looked at the new green leaves on the tree branches and suddenly he realized that spring had arrived!

"Is my blue coat finished?" he asked with little hope as soon as the rabbit opened the door.

"It's almost ready," answered the rabbit as usual, looking beyond the tiger to the sunny day outside.

"Well, I guess I don't need it anymore," sighed the tiger in a very sad and weary voice.

Uncle Rabbit felt a strong desire to leave his stuffy house. He wanted to run, jump and play in the fields. Not only had he survived the terrible winter, but he felt rested and full of energy.

"Yes, you're right," agreed the rabbit, "You don't need it anymore now, but you will need it next winter." He placed his paw on the tiger's shoulder and added, "Look, I'm going to do you a favor. I'll collect and save all the wool squares, and when it turns cold again, you come again to my house to cook. I'll finish your coat!"

Uncle Tiger was very pleased with this plan and he said goodbye, tired but hopeful, and Uncle Rabbit went happily to the fields to reunite with his friends.

El Sombrerón
A legend from Guatemala

Many years ago in Guatelmala there lived a little man known by the name "El Sombrerón," meaning "he who wears a large hat." They say that he was so tiny he could fit in the palm of a person's hand. He always wore a huge hat that covered up most of his face. He played a guitar and sang beautiful and bewitching songs, and his presence was always preceded by four mules laden with cargo. Although he was quite a handsome and charismatic little man, no one wanted to see him because his presence always brought sadness and misfortune. The legend that follows tells the tragic story of the beautiful Celina and el Sombrerón.

Celina was a seventeen year old girl who lived in a modest home at the edge of a small village in Guatemala. Her parents, Don Antonio Bernal and his wife, Ana, owned a small tortilla factory in the center of the town. The tortilla store was a very popular location because all the villagers went there daily to buy their tortillas fresh and hot from the ovens.

Don Antonio and Doña Ana were very proud of their lovely daughter and loved her very much. Celina worked every day in the tortilla factory with her parents. She stood behind the counter, mixing the tortilla dough as she cheerfully greeted the customers when they entered the store. All the villagers had known her since she was a young child, and they always smiled when they saw her, because, besides being a hard worker, she was a kind and vivacious young lady.

One afternoon a neighbor, Don Benito Amador, entered the tortilla factory and announced, "How strange! There are four mules right outside, tied to the side of the store."

Another neighbor, Doña Rosa Flores, also happened to be in the store buying her tortillas at that moment, and she commented to the Bernals, "Maybe those are el Sombrerón's mules. You ought to hide Celina because el Sombrerón looks for girls just like her!"

Don Antonio walked outside with Don Benito to see the tethered mules, but they were no longer there. The two customers completed their purchases and said goodbye without speaking of the matter again.

That same night, as the family prepared for bed, they were surprised by the *"clip clop clip clop"* of animals' hooves passing down the road in front of their house. The hooves made a strange, almost ghostly sound before they faded away into the still night air.

The three Bernals lay down in their bedrooms. Celina, however, could not sleep, because outside of her open window she heard the most beautiful music she had ever heard in her life. Was it celestial or sensual? She couldn't decide, but she did know that she was both incapable and unwilling to move a muscle. Her body felt bewitched, and she hoped that the music would continue to play for all eternity. She listened to the guitar chords, their arpeggios falling from the strings like the playful waters of a brook and to the passionate voice of a young man singing songs of love and desire. In her stupor Celina somehow dared to ask, "Who is it that honors me with such a beautiful serenade?" The notes continued on, however, and no one answered.

The enchanting music played throughout the night and Celina stayed awake to listen, never sleeping or resting. At work in the morning, the poor girl had dark shadows under her eyes and looked very weary.

"What's the matter today, honey? Are you getting sick?" her mother asked.

"No, mama," answered Celina, "actually I'm very happy, although I am very tired. It's because I listened to that beautiful music playing all night long and I didn't want to sleep."

"What music?" asked her mother, "Your father and I didn't hear any music." Celina laughed at her parents who had apparently slept so soundly that they had missed the entire exquisite serenade.

That night the family once again heard the ghostly sounds of animal hooves clattering by the house, and Celina felt a strange new overwhelmingly pleasant and thrilling sensation course through her body. The mesmerizing music began the moment the girl lay her head on her pillow.

"Someone out there really cares for me a lot! Who could it be?" she wondered, just before losing herself completely in the music. When she listened to the notes, she had the sensation of soaring like a quetzal over the tropical rainforest canopy—the sensation of wrapping herself in a thick, soft velvet cloak in front of a fireplace in the winter—the sensation of cresting vigorous ocean waves in a sturdy sailboat. This night the music was once again marvelous, but in the morning poor Celina felt even more exhausted than she had felt the day before. She was unable to mix the tortilla dough with any enthusiasm, and she showed no interest in conversing with any of the regular customers. The truth was that Celina could think only of the approaching evening that she fervently hoped would bring the enchanting music to her once again.

Night after night the beauty of the music left her weak and dazed. Finally one night she could no longer bear her curiosity: she had see who kept singing to her in the bewitching voice. She tiptoed to the window, moved the curtains aside a fraction and peeked out at the patio. There, bathed in the moonlight, she saw a tiny man sitting on a low tree branch. Celina was unable to see his face for it was hidden by an enormous hat. He was dressed like a elegant cowboy from his black jacket to his silver spurs that gleamed in the moonlight. Celina sighed, and although she made no other movement, the little man suddenly raised his head and fixed his sharp black eyes upon Celina's. She felt the intensity of his gaze into the center of her soul, and at that moment she fell hopelessly in love with el Sombrerón.

From then on Celina could no longer eat or work. Her parents despaired. They hardly recognized their daughter who had become so pale, thin and quiet and who seemed to walk as if in a dream. The customers shopping at the tortilla factory also noticed the changes in the girl and they worried too. "What in the world is wrong with Celina?" they asked each other.

One day Doña Ana finally confided in her friend, Señora Flores. "I just don't know what's going on with my daughter. I don't understand what's wrong, and I don't know how to help her!" Doña Ana twisted her hands together as she spoke and tried to control the tears that escaped from her eyes. "She doesn't even communicate with me anymore. All she does is talk about the music..."

"The music!" exclaimed Señora Flores with fright, "And you, dear friend, do you hear the music as well?"

"No, I don't hear anything at all," answered the mother.

"Ay, my friend!" said Señora Flores, "I really hate to say this, but I fear that Celina is listening to the music of el Sombrerón. I think she has fallen in love with him."

Doña Ana became frantic. "But what should I do? Tell me, please! Celina is my only daughter. I cannot lose her!"

"Well, perhaps you could take her to a convent," suggested the woman, "because el Sombrerón is a ghost and may not enter any kind of church."

That same day, with great sadness, but also hope, and over the weak protests of their daughter, Don Antonio and Doña Ana traveled a long way until they arrived at the convent of Santa Rosario de la Cruz. They left Celina safely there in the convent in care of the nuns.

On the way home Doña Ana began to sob, "What am I going to do? I'm going to miss her so very much!"

Don Antonio tried to console his wife, saying, "Yes, living without our daughter is going to be very difficult, but we must try to protect her in every possible way. At least in the convent, el Sombrerón can not reach her with his voice. He thought a while longer and then added, "Celina is young and after several months she'll have forgotten about this little man. Then we can bring her back to live with us again."

Doña Ana felt somewhat comforted by his words.

That evening, as usual, the hoof beats were heard in front of the little house - the hoof beats of el Sombrerón's mules. As always, the little man made himself comfortable on the patio in order to serenade Celina, but he immediately sensed the girl's absence. He began to look for her. All night long he searched for her with growing anxiety through all the bedroom windows in the town. The mysterious, ghostly hoof beats were heard echoing down every street. By dawn, el Sombrerón knew that his search was in vain, and he became silent and still. He lay down his guitar and sang no more. For the first time in his life he felt an unbearable pain in his heart: el Sombrerón had fallen in love with Celina.

In the convent the nuns cared for Celina with great tenderness, and they tried everything they could think of to alleviate her suffering. They prayed for her recovery, they sat at her bedside and told her bible stories and they decorated her simple room with flowers from the fields nearby. But poor Celina was no longer aware of anything. The reality was that without el Sombrerón she had no desire to live. She didn't get out of bed, she didn't eat and she didn't talk. One evening, a nun entered her room and found Celina lying motionless in her bed, her young face looking toward the window and her eyes staring past the curtains up at the moon. Celina had died.

It was a sad and unforgettable afternoon when Celina's parents brought their daughter's body back to the village. Everyone came to the house to bid the lovely girl farewell for the final time. The parlor was filled with the mourning of those who had known and cherished Celina since her childhood. Suddenly, all the voices of the villagers were drowned out by the deafening sound of an agonized cry like the howl of a wolf in mortal pain.

The walls of the house shook with the intensity of the sob.

"Mother of God!" screamed Don Benito Amador.

No one, not even Señora Flores, thought to consider that the cry came from the throat of el Sombrerón who had just discovered that his beloved Celina lay dead in the parlor of her home. His cry was that of a shattered heart.

Early that evening, the whole village, with great sadness, buried Celina's young body in the cemetery.

The following morning, when everyone walked outside their front doors, an incredible sight greeted their eyes. The whole town had been transformed into a fantasy land! The roofs were covered with colorful droplets of water, shimmering brightly in the morning sun. And the streets! Over the cobblestones flowed a river of water that resembled a rainbow sparkling with millions of diamonds.

"What kind of miracle is this?" the people asked each other incredulously.

Nobody knew the truth: that the shimmering droplets clinging to the roofs and the rainbow river flowing through the street were actually the crystallized tears of el Sombrerón and were the visible evidence of all that he had cried for the loss of his beloved Celina.

Margarita Pareja's Blouse
A legend from Peru

Recently an American student was visiting her grandmother in the lovely city of Lima, Peru. They spent an enjoyable afternoon downtown, and the young girl couldn't help noticing that several times her grandmother, while examining the pricetags on the clothes, exclaimed "Why, this is more expensive than Margarita Pareja's blouse!"

Finally the girl had to ask what the expression meant. Her grandmother told her that it was a very well known saying in Lima, especially used by older people when they wanted to criticize items they thought were overpriced. She added that she believed that the expression originated in the Lima's colonial era.

"But who was Margarita Pareja?" the girl wanted to know. The grandmother then told her the story of Margarita Pareja and her love, Luis.

In the year 1765, Don Raimundo Pareja, the general collector of the port of Callao, was one of the most prosperous businessmen in Lima. He lived in an impressive mansion with his wife, Doña Carmela, and their only daughter, Margarita. At eighteen years old, Margarita was the belle of the city. She was invited to all the most important parties and balls of the day, and she always danced and made conversation with grace and poise. She was very pretty with her dancing dark eyes and her slender waist. Multi-colored bows adorned her black curly hair. She was quite spoiled by her parents who gave her everything she desired. She had three wardrobes full of dresses and shoes for every occasion and countless European style hats to shield her face from the sun.   During her years as a student she had attended the best schools that existed in Peru, in addition to two years spent studying french in Paris.   Besides being rich and beautiful, Margarita was very bright. She loved to read and to write poetry, as well to as discuss politics and the new scientific discoveries of the day.   Only her parents knew that behind her easygoing, good-natured demeanor she also possessed a stubborn and determined will.

In another corner of the big city lived a poor, handsome young man named Luis Alcazár. He was an orphan and lived in a single room in a boarding house. Luis never attended parties or balls, and he had no interest in the ladies. All his attention centered around his long hours of work as an office clerk in a large import company. Luis had always been very studious throughout his school years, and, although he now was employed in the lowest position in the company, he hoped that his diligent work would make him advance quickly. This was likely to happen because, although the young man had no parents living, he did have an uncle, Don

Honorato, who was the richest man in Lima, and who happened to be the owner of the same import business that employed Luis. Don Honorato watched his nephew's progress with interest and well-hidden pride. He wanted Luis to advance on his own merits, not due to connections with the boss.

Every year the thirtieth of August was a festive day in Lima. All the citizens would participate in a procession that honored Santa Rosa, the Patron Saint of the city. All the factories, offices, schools and stores were closed on this day, and the people would slowly parade around the Plaza de Armas. The rich and the poor together wore their best clothes and strolled, sang songs and displayed religious statues and paintings. Venders sold juices, fruits, nuts and corn, and the children wore masks and waved small, colorful religious flags.

Margarita Pareja attended the procession mounted on a white horse adorned with blue ribbons. She waved gracefully at everyone, as expected from a lady of her high social position in the city. Luis was standing in the crowd enjoying his rare day of leisure, and he saw her approach. When the young lady passed before him, she happened to glance down at him. Their eyes locked for a single moment, and in that instant their souls fused together and they fell deeply in love. Luis followed the procession through the streets, his heart pounding. When the event ended and Margarita dismounted her horse, he took her in his arms and kissed her.

During the ensuing months, Luis found it dificult to concentrate on his work. He spent every afternoon possible with Margarita on her patio. They discovered that, in spite of her wealth and his poverty, they had much in common; they shared the same goals, beliefs and perspectives. Above all, they shared a deep and passionate love. While they were conversing about new inventions or exotic cultures, their eyes were saying, "I love you."

Four months later they decided to marry. Luis sought out Don Raimundo and respectfully asked for his daughter's hand. The father listened to the request with silent fury. He was horrified at the suggestion that this insignificant young man should even consider the possibility of becoming his son-in-law. Needless to say, he firmly denied the marriage. Luis left the mansion devastated and depressed.

Standing at the window, seething, Don Raimundo watched the suitor leave. Then he sought out his wife and daughter and finally found them reading in the garden.

"That streetrat!" he yelled. "You have your pick of any suitor in the entire city and you want to marry this insignificant clerk! No! I will not permit it! Never!"

His raging screams were heard along the entire street. The neighbors began to gossip, and a mere few days later the story reached the ears of Don Honorato, Luis's uncle. He became even more furious than Margarita's father, and he screamed, "That pompous peacock Don Raimundo! How dare he insult my nephew this way? Luis is the finest young man in the entire city of Lima!"

Margarita was desconsolate. She cried, she screamed, she tore out hunks of her hair. She threatened to become a nun. Don Raimundo refused to change his mind. Doña Ana felt compassion for her daughter because she remembered love's overpowering intensity; and she begged her husband to reconsider his position, but he only reiterated his answer, "No, my daughter will not marry a poor office clerk."

Margarita resolved to take drastic measures. She stayed in her bed and refused to eat or drink. Little by little, she grew thin and pale and her body became weak. Only when Don Raimundo feared that she may die, did he finally relent and say, "If you love him this much, I suppose I must give my blessing to this marriage."

He made an appointment to speak with Don Honorato. But the uncle still felt very offended with the humiliating treatment that his nephew had received, and he told Don Raimundo, "I will only consent to this marriage on one condition—neither now or ever will you give even one penny to your daughter. Margarita must make a home with Luis wearing only the clothes on her back and not a thing more!

Don Raimundo was very angry, but he forced himself to think foremost of his daughter's wishes. "All right," he agreed without joy, and then with a handshake he promised, "I swear that I will give my daughter nothing more than her bridal gown."

The month of May arrived, and all the city celebrated the grand wedding of Margarita and Luis. Margarita was resplendent in her wedding gown. Don Raimundo and Don Honorato forgot their disagreements and looked proudly at the happy couple. Don Raimundo complied with his promise: never again in life or in death did he give his daughter another thing.

But what a wedding gown! The embroidery that adorned the blouse was made of pure gold and silver threads. The cord that adjusted the neckline was a chain of diamonds, and the buttons were pearls. Margarita's bridal blouse alone was worth a fortune!

Luis and Margarita enjoyed a long and prosperous marriage and had many children and grandchildren. It is supposed that the extravagant wedding blouse still belongs to the descendents of the Alcazár family because no one ever saw it again after the wedding day, and no one has ever seen it since.

It is for this reason that now, two centuries later, when a citizen of Lima talks about something expensive, many times she exclaims, "It's more expensive than the blouse of Margarita Pareja!"

The Gypsy's Prophecy
A legend from Spain

When traveling through Spain, one can see the blend of Christian and Moorish cultures everywhere. The two distinct styles are expressed in architecture, in folk music, in handicrafts, and in much more.

The North African Moors invaded the Iberian peninsula, the land that is Spain, in the year 711A.D, and there they ruled for seven centuries. The south and central areas of the country prospered under Moorish authority, but in the northern regions small Christian settlements began to form and resist Moorish rule. Most notably in the zealous Christian kingdom of Asturias, located in the penninsula's northwestern corner, fierce battles took place between the Christians and the Moors. This same region would later become the birthplace of Spanish liberty.

Many legends have survived as reminders of the numerous conflicts between the two religious and cultural forces in Asturias. The following story will tell us of the Moorish prince, Abd al-Aziz, and how he saved himself from the soldiers of the powerful and famous Don Pelayo who lived in what is still today the province of Asturias.

The battle lasted two days. The soldiers of the young Moorish prince, Abd al-Aziz had fought bravely, but Don Pelayo's army exceeded them in both number as well as in passion for their cause, and the Christians emerged victorious. All the Moorish soldiers had either been killed or had been chained and thrown in prison by orders of Don Pelayo. Only Prince Adb al-Aziz and his manservant had escaped.

Around midday they had fled by foot from Don Pelayo's bloody lands. It had been simple at first to cross through the broad fields of wheat in the valley, but later it became much more difficult as they had to climb up the rocky hills. The two men were both demoralized and exhausted. Finally, after many hours of traveling they reached a brook flowing with cool, clear water and the servant begged, "Please, let us stop here for awhile to rest and drink water. I am so tired and thirsty I can walk no further."

"No, " answered the prince regretfully, "You may drink from the brook, but we cannot rest here. I am certain that Don Pelayo has discovered our escape, and he will have already sent his soldiers to capture us."

"What do you plan to do?" asked the servant.

"I want to arrive at the mountains before nightfall. A small village is there where we may hide ourselves; we must have sleep and rest in order to regain our strength to continue on toward Córdoba tomorrow."

The two Moors resumed walking and soon reached the foothills of the mountains, but darkenss fell before they arrived at the village. They had come to a rocky area where it was dangerous to walk at night because the terrain was uneven. With one false step, they could tumble off a cliff and fall to their deaths. The men began to look for a sheltered place where they could spend the night.

After awhile the servant spied a large cave and spoke to the prince, "I have found a cave nearby that appears to be large and empty. It will protect us from the wind, and we will be able to sleep there without being discovered. What do you think, my lord?"

Abd al-Aziz walked to the cave and stood before the entrance with his arms folded, regarding it critically. Then he smiled, relaxed and said in a confident voice, "Yes, I am happy with this cave. We will be safe here. We shall sleep in peace because Allah will protect us."

"I wish I had your conviction, lord." commented the servant, "May I ask why you feel so secure?"

"Certainly," said the prince, "look at the top corner of the cave entrance. What do you see there?"

"Well, nothing other than a small spider," answered the servant.

"Yes, and that little spider is the reason that I no longer fear the night or the cave," said the prince, "Let us enter and make ourselves comfortable. Then I shall explain everything to you."

So the two men entered the cave and rested their aching bodies in the soft, cool dirt. In the darkness, Abd al-Aziz began to speak, "Do you remember about six months ago when we went to the festival in Granada?"

"Oh, yes," answered the servant, "You feasted and partied until dawn in those caves at the outskirts of the city."

"Yes, I enjoyed myself immensely," remembered the prince with a smile, "But did you realize that those were the caves of the gypsies? Well, I was curious about them, so during the night I visited a gypsy woman and asked her to tell me of my future. I expected her to speak of love or riches, but do you know what she told me?"

The servant didn't answer, but the prince continued his narrative anyway. "I remember her exact words because they seemed so strange to me. She said 'I recommend that you always take care of spiders. I counsel you to always respect and protect them. Do not forget my words!'

"Well, I couldn't help laughing," the prince admitted, "but the gypsy woman grew very serious and said, 'If you value your life, you will heed my advice, because one day in your future, a spider may save your life.'"

The cave was silent. "What do you think of that?" he asked his servant, but there was no reply because the exhausted man had already fallen asleep. So Abd al-Aziz also closed his eyes and slept soundly without dreams through the night. Nothing disturbed him until morning, when he was awakened by his servant who was insistently shaking his shoulder.

"Say nothing, lord," whispered the frightened man, "Just listen!"

The men heard the clattering of hooves outside the cave, and a strong voice above the commotion, yelling, "Over here! Search this cave!"

"No, that's a waste of time," answered another voice. "No one has entered that cave in ages!"

"So what should we do now?" asked a young voice.
The prince and the servant quietly hid behind a boulder in the back of the cave and continued to listen without moving a muscle, almost without daring to breathe.

"Well, there's a village nearby. I'll bet that's where the infidels are hiding. We'll ride over there now to continue our search!" said the first voice.

"But what if we don't find them there?" asked the young voice.

"Then we will have to return to Don Pelayo. We will be forced to admit that the prince and his servant escaped. May God protect us from his fury!" With that, the voices and hoof beats faded away, as Don Pelayo's soldiers galloped toward the village in the mountains.

"Thanks be to Allah!" exclaimed Abd al-Aziz, as the two men collapsed with relief. "We will remain here until afternoon, and then we will travel past the village and on to Córdoba without worry."

"Why didn't they look for us here in the cave?" marveled the servant. The two Moors left their hiding place behind the boulder, and approached the sunny entrance of the cave. "It's a miracle!" exclaimed the servant, clasping his hands and falling to his knees.

"No, this is the spider from the gypsy's prophecy" said the prince. During the night, the small spider had constructed her web, a delicate curtain of silvery threads, that now completely covered the entrance of the cave.

Caipora, Keeper of the Forest
A legend from Brazil

There are many in the world who respect the beauty of the rainforest and who understand the importance of every tree and animal. There also exist those who try to take advantage of her natural resources at any price. In Brazil, those in harmony with the rainforest speak reverently of Caipora, Keeper of the Forest.

Caipora is said to be an omnipotent being who rules the rainforest, watches over those that live there and punishes the people who destroy her plants and living creatures. No one has actually seen Caipora, so we can only guess what he looks like, but there are various legends that tell of his presence in the rainforest. In this tale we will meet two young workers who each have fateful encounters with Caipora, Keeper of the Forest.

Two young woodcutters went together every morning to work in the rainforest near the village where they lived with their wives and children. Toño, who was just six months older than his companion, Chico, marveled at the beauty of the rainforest every morning as he went to work. He admired the delicate tropical flowers that grew between the massive roots of the trees. He noticed the graceful twists of the thick vines that hung from the spreading tree branches. He walked gently as not to disturb the flocks of flamingos he saw standing in the ponds of brackish water. He delighted in watching the innumerable brilliantly colored butterflies and in listening to the indignant chatter of the monkeys and the macaws from high up in the canopy of dense green leaves.

His companion, Chico, didn't observe anything in nature. He walked along at Toño's side always talking in a loud voice. He never looked at the path they followed so he often stepped on insects scurrying on the fallen leaves and many times he thoughlessly smashed the nests of small animals. He enjoyed throwing small stones at the leaping monkeys and laughed at their comical shrieks of pain when they were hit. Chico did not like being a woodcutter; he believed he was destined to be rich and famous, and he always talked about his great plans for the future.

The woodcutters' task was to cut branches suitable for firewood and then load it into their backpacks or carts and lug it all home. There they would char the wood to turn it into coal, and later they would sell it to clients in the town nearby.

The two woodcutters always chose their daily work sites with great care. Toño never damaged the forest; he always looked for trees with low branches that he could cut without causing harm. He never cut too many branches off any single tree, and his machete never touched the trunks because he didn't want to destroy the homes of any animals that might live there. Toño's firewood was not of a very good quality, and for this reason he was very poor, but he was happy with his life. When Toño felt like resting, he would sit in the shade of a tree and play his flute, a delicate little pipe sculpted out of balsa wood.

Chico, on the other hand, searched for the most majestic trees, and, with solid strokes of his machete, he cut them at the base of their trunks. He didn't care what animal might abide there or whether the tree might be a hundred years old; Chico only wanted top quality firewood. Chico rested from his labors with his rifle by practicing his aim at toucans, ocelots and other small creatures.

One morning Chico didn't go to the forest because he felt like visiting with his buddies in the village. Toño went to work alone and entered the rainforest with great pleasure because the truth was that he didn't enjoy Chico's companionship very much. This morning, however, he quickly perceived that everything in the forest was peculiar—different—expectant. The birds were not singing, and the monkeys were perched quietly on the tree branches just watching. Toño saw the gleaming eyes of other animals peering out from between the ferns. The air didn't move; it seemed thick. The trees, however, seemed to shiver with a kind of anticipation. Toño felt anxious and fearful, but he couldn't exactly say why.

a chilly wind brushed across his face, followed by a thick, gray fog that slowly settled over the rainforest. Toño was unable to see anything more. He listened with growing apprehension to savage noises that he didn't recognize and had never heard before.

Toño was now terrified. He stood there paralyzed with fear; he could not work, nor could he see to return to his village. He had always treasured the rainforest, but now he feared that this day he might die there. He knelt down and closed his eyes tightly so he wouldn't have to look out at the frightening darkness. After awhile he smelled a strange, pleasant and sweet aroma, like freshly cut grass, which seemed to hover around him. Then the ground began to shake with the vibration of heavy footsteps; Toño opened his eyes wide with terror and saw a monstruous apparition suddenly appear through the fog. The wind whispered the name, "*Cai...po...ra,*" and Toño realized that this must be the legendary "Caipora, Keeper of the Forest!"

Toño stood up, his head bowed, and stood trembling before the enormous body, dreading the sensation of sharp fangs piercing his neck. But it didn't happen.

"Look at me, woodcutter!" ordered Caipora.

Slowly Toño raised his head and gazed from the feet to the head of the ghostly being. He was enormous, and his fur was the color and texture of the forest grasses. His fingernails and toenails were like rough, uneven pine bark. He had the face of a wolf with sharp white fangs and the glowing, yellow eyes of a jaguar. His most frightening feature was that his feet were inverted, so his toes faced backwards!

Caipora stared down at the figure of the miserable little woodcutter, and then he threw back his head and howled. Toño noticed with astonishment that from his grotesquely open mouth emerged bright orange butterflies and small seeds that, as they fell upon the earth, immediately grew and blossomed into beautiful flowers.

"Play your pipe, woodcutter!" ordered Caipora.

"Yes," stammered Toño, and quickly he took it out of his pocket and with trembling fingers, played a lovely melody.

Caipora closed his yellow eyes to listen, and his body emitted the aroma of fresh herbs. The whole forest seemed to relax and to enjoy the gentle notes flowing from the woodcutter's flute.

"Will you give me your pipe?" asked Caipora when the song ended.

"Yes... with pleasure," answered Toño, and still trembling, he gave Caipora his wooden flute.

The Keeper of the Forest took the flute in his immense paw and stared at the quaking woodcutter once more before abruptly turning and disappearing into the dark mist.

Toño sank to his knees and cried with relief. He remained this way for a long time, but little by little he noticed that the fog had dissipated, and the noises of the rainforest were once again those of any normal day.

"Maybe it was a dream," thought Toño, "I must work really hard to forget this experience!" He began to cut branches carefully, and that afternoon he returned to his cottage with his backpack filled with wood as usual.

After dinner he began to char the wood, but he noticed with surprise that these particular branches produced the best charcoal that he had ever made in his life. When he brought it to the town, his clients exclaimed at its superior quality. He earned a lot of money from that load of charcoal.

From then on, it didn't matter where Toño chose to cut his wood, the charcoal he made was always of an exceptional quality. After awhile he was able to enter his beloved rainforest again without fear of another encounter with Caipora, but sometimes he thought he heard the notes from his little flute blowing in the wind. In a few months Toño's charcoal had made him a wealthy man; he had plenty of time to rest, play with his children and to enjoy life.

Chico, however, continued the monotonous routine of walking to the forest every morning. He was very envious every afternoon when he would pass by Toño's cottage, staggering under the weight of the wood in his backpack, and Toño would greet him from his porch. He would ask himself, "How is it possible that my friend, who hardly works at all, has become so rich, while I, who cut down so many trees every day, am still poor?"

Finally one day, Chico couldn't contain his curiosity any longer, and he asked his friend, "Please, Toño, tell me the secret of your good fortune."

Toño still marveled over his encounter with Caipora and many times doubted that he had actually had the experience. For this reason he felt embarrassed to relate too many details. "Well, I suppose my fortune changed that day that you didn't go to work, and I met Caipora, Keeper of the Forest."

"You met Caipora, the Monster of the Rainforest!" exclaimed Chico incredulously, "What did he do to you?"

"Well, I was very frightened," admitted Toño, "but he didn't do anything to me... he asked for my pipe and I gave it to him... that's all."

Chico was mad with envy. "a pipe! That's all?" he thought, "Well, I smoke all the time; I have lots of pipes at home. I'll choose one of the best ones to give to Caipora, and he'll make me even richer than he made Toño!"

The next morning Chico entered the forest and, standing among the trees, impatiently screamed, "Caipora! Where are you? Caipora! I'm Chico, the woodcutter! Show yourself!"

Immediately the sun shone with an unbearable light, and, with a terrible roar, Caipora appeared. The air filled with the unpleasant odor of rotting leaves.

"Look at me, woodcutter!" ordered Caipora.

Chico felt a sudden apprehension. "Look, Caipora, can you give me wood that makes good charcoal? I brought you a really nice pipe. Take it." With a trembling hand, Chico offered the monstruous beast his favorite pipe stuffed with tobacco and ready to smoke.

Caipora howled with fury; wasps and snakes shot out of his open mouth, and then, with a single swipe of his paw, he destroyed Chico's pipe.

"You destroy my forest!" bellowed Caipora, "You kill my trees and my animals! You, miserable woodcutter, will never again return harm my forest!"

A hot wind blew, and whirlwinds of decaying leaves completely obscured the bodies of the Protector of the Forest and the unfortunate woodcutter. When the wind calmed down and the leaves settled on the ground, both Caipora and Chico had disappeared. Chico did not return to the village, not that night, and never again.

Generally the people who live in the village do not enter the forest at night because the total darkness is frightening and also because many animals tend to become more aggressive and fearless. People also speak of the ghostly apparition that nightly floats restlessly among the branches of the trees: it's the terrifying form of a anguished young man with a broken pipe in his mouth, and his feet are inverted with his toes facing backwards.

The Trees of the White Flowers

A legend from Mexico

Which is stronger: love or hate? This ancient Mexican legend explores these opposite forces, and at the same time explains how the beautiful magnolia trees came to grow in Mexico City. It is interesting to note that the white flower petals of this tree are so delicate that they bruise even when they are just barely touched; the heavenly fragrance these flowers emit is much stronger than the beauty of the fragile blossoms.

The time was the mid fifteenth century, and the Zapotec people were celebrating the young king who had just ascended the throne in the beautiful city of Juchitán, in the region of Mexico that is today named Oaxaca. The new king's name was Cosijoeza, and he was wise, benevolent and brave. Although he was a distinguished warrior, he found great peace in the enjoyment of nature's beauty. Within his palace walls he had extensive gardens with a wide variety of bushes, flowers and trees that pleased him, as well as stone benches on which he could rest to enjoy his surroundings. In all his gardens he had one type of tree which he treasured above all others. It grew straight and gave shade with it's shiny, dark, green leaves, and it had large white flowers that gave off a celestial scent. These trees could be found only within the palace walls of Juchitán, but they were renowned and coveted in civilizations far away.

One afternoon a group of important-looking emissaries arrived from the powerful Aztec king, Ahuitzotl. The Aztecs were sworn enemies of the Zapotecs; many bloody battles had been fought between the two tribes. Cosijoeza's guards, stationed on the fortress walls, immediately became tense and alert, fearing a skirmish or some sort of deception. But the emissaries had come only to deliver a message to the young Zapotec king.

"Ahuitzotl, our illustrious king sends his greetings," announced the chief emissary. "Also, he requests that you give us some of your famous Trees of the White Flowers to plant in the canals of our magnificent city, Tenochtitlán."

Cosijoeza pretended to consider the request, but in truth he hated the ruthless Aztec king, and he would never voluntarily agree to share the most precious of his trees with his most hated enemy. After a pause, he said, "No,

104

it is not possible. These trees will never leave my kingdom. Please depart now, as this is my final answer."

The group of emissaries was surprised as well as insulted and left Juchitán with clenched fists and murderous expressions in their eyes.

Cosijoeza sat in his garden to meditate upon the situation. He felt certain that his enemy Ahuitzotl would now send an army of Aztec warriors to fight with his people, and they would try to take the Trees of the White Flowers by force, killing ruthlessly and taking many prisoners as they did so. He felt very sad. He did not wish a bloody battle for his kingdom and did not want to cause the senseless death of any Zapotecs. "Oh well," sighed the young king, "life is never simple. We had better prepare for the worst."

Then he gathered his chief warriors together and warned them that someday soon the Aztecs were going to attack Juchitán. "We must prepare for the invasion" he said. "You all know that the Aztecs are numerous and powerful, and their gods are bloodthirsty and cruel. They are very angry because I insulted them. You, brave warriors, will have to fight with all your strength and skill in order to save the lives of the families of our kingdom. Our men must now fortify the walls, and the women must stock provisions in the hiding cellars, as well as prepare the poison for our arrows."

The warriors spread Cosijoeza's distressing predictions and explicit orders throughout Juchitán, and the frightened people worked hard to prepare for the dreaded attack.

Meanwhile, Ahuitzotl's emissaries returned to Tenochtitlán, and, standing before their king, relayed the young Zapotec king's insulting answer. As Cosijoeza had expected, the Aztec king was livid with anger.

"I'll gather my army, and I'll destroy that insignificant king!" bellowed Ahuitzotl, "That insolent Zapotec king's heart will be the battle's first sacrifice to our fierce god of war, Huitzilopochtli!"

Later when he calmed down, he began to think shrewdly. "No, I think I shall make a trap. In this way I will not spend the blood of my warriers, yet I can still surprise the enemy. I will take many prisoners and at the same time I will take possession of all the Trees of the White Flowers."

Soon he sent for Coyolicatzín, his loveliest and most intelligent daughter. He sat her before him and began to explain his clever plan. "My daughter, I want to possess the renowned Trees of the White Flowers, and at the same time defeat the Zapotec tribe. I need your help."

"Yes, father," said Coyolicatzín, bowing her head obediently.

"This is what you must do," continued Ahuitzotl. "In three days you will leave Tenochtitlán with two servants. Be aware that the trip to the Zapotec kingdom will be long and difficult. Now, when you arrive there, you will cleanse yourself in the river outside the city walls. Then you will put on your sweetest perfume, your most beautiful robe and your most precious jewels. Do you understand me so far?"

"Yes, father," answered Coyolicatzín again, baffled but attentive.

Ahuitzotl continued, "Then, without your servants, you will search for the palace of the Zapotec king. Enter the palace walls with great confidence so no one questions you. You will then see extensive gardens—quite impressive I am told—and you will see the Trees of the White Flowers. Wait there. The naive young king will find you there, and you will make him fall in love with you. You will marry this Zapotec king, and I will give you a splendid wedding. "

Coyolicatzín did not like this at all, but she sighed and answered dutifully, "Yes, father, for you and for Tenochtitlán."

"It will not be for always, daughter," promised Ahuitzotl quickly. "After the wedding, your task is to quietly discover all the secrets of the Zapotec kingdom. When you know everything, you will return to Tenochtitlán, telling your husband you must visit your tribe. Tell me all their secrets, and then our army will march to Juchitán to destroy them! You, my princess, will stay in Tenochtitlán, and all will admire you for your bravery and cunning. You may then marry a noble Aztec warrior of your choice, and you will never return to Juchitán."

"I will do my best to honor you and my people," promised Coyolicatzín, and she departed her father's temple to begin the preparations for her journey.

Meanwhile, in Juchitán, Cosijoeza was anxious. Why was nothing happening? All his instincts told him to expect an attack soon, but all the roads leading to his kingdom were strangely quiet. Every day he sat on a stone bench in his fragrant garden to relax, think, plan and worry.

One morning, as he rested there, he saw a beautiful young lady dressed in an exquisite robe, standing alone in his garden, leaning against the trunk of one of the Trees of the White Flowers.

"Who are you?" asked Cosijoeza, startled. "You look like a princess who has descended from a temple in the heavens."

She smiled, blushed, and remembered to answer with the words she had prepared. "I come from foreign lands... I am lost and wander in search of happiness."

Cosijoeza was curious about the mysterious young lady, and he felt very attracted to her as well, so he invited her to his palace, and she, of course, accepted the invitation.

Inside the Zapotec palace, Coyolicatzín was fascinated by the differences between her native culture and this culture that was unknown to her. She quickly learned many new words in the Zapotec language, she sampled numerous fruits and vegetables that were foreign to her, and she learned to make the handicrafts and styles of clothing of the region. She neglected to be mysterious and couldn't hold back her many exuberant questions and comments. The young Zapotec king forgot about his worries and thoroughly enjoying talking with the young woman and showing her around his kingdom. Within a few weeks Cosijoeza knew this young woman was the love of his life, and he asked her to marry him, saying, "Please become my wife, and you shall become the queen of the Zapotec people as well."

Coyolicatzín suddenly remembered her promise to her father Ahuitzotl, but at the same time she could not completely deceive the kind Cosijoeza, and she sadly answered, "It would be difficult for me to be your wife, because you see, my father is the Aztec king, Ahuitzotl."

Cosijoeza was very angry. He realized the young woman had deceived him, and he refused to see her or speak with her again.

Heartbroken, Coyolicatzín returned to Tenochtitlán and admitted to her father that she had failed in her mission. Ahuitzotl was disappointed but forgave his beautiful daughter while quietly resolving to find another plan to defeat the arrogant Zapotec king.

Back in Juchitán, the young woman's betrayal had left the Zapotec king utterly devastated. Nothing seemed to matter anymore. Even his beloved Trees of the White Flowers gave him no pleasure. He finally decided, after much despair, that he wished to marry Coyolicatzín in spite of her deception.

He then sent five Zapotec emissaries to Ahuitzotl in Tenochtitlán, their arms laden with gifts—tropical birds, magnificent vases, necklaces of silver, jars of honey, and more. "Our wise king Cosijoeza offers you these riches from Juchitán and respectfully requests the hand of the princess Coyolicatzín in marriage," said the chief messenger.

Ahuitzotl was gleeful. His plan had worked after all! He graciously accepted the gifts and announced to his surprised people that the lovely princess, Coyolicatzín, would marry the Zapotec king, Cosijoeza. The young woman happily returned to Juchitán, and after three months of preparations, the whole kingdom celebrated the wedding of their beloved king with the beautiful Aztec princess.

Cosijoeza and Coyolicatzín were very happy and every day fell deeper in love. The Zapotec people adored their beautiful, compassionate and intelligent queen. The whole kingdom seemed to prosper under the rule of the happy couple. Cosijoeza liked to tell his young wife everything. He did not hide any secrets and consulted her in all important decisions. Within a short time, Coyolicatzín knew where the fortress walls were weak, where the hiding cellars were and how they were stocked, and how to make the poison for the arrows. She was also aware that her father in Tenochtitlán awaited this information more desperately with every passing day. Coyolicatzín felt weighted down by a pressing dilemma; she had to obey her father, yet she loved her husband with all her heart, as well as the peaceful Zapotec people. She knew she was no longer capable of betraying them. "What do I do?" she thought in tears, "I'm the one caught in my father's trap!"

Finally she came to a decision: "My husband is an understanding man and he loves me. I will tell him the truth." That afternoon, Coyolicatzín led her husband into the garden and they sat under one of the Trees of the White Flowers, the same tree where they had first seen each other. Coyolicatzín, tearful and trembling, confessed the entire devious plan since it's beginning with her father in Tenochtitlán.

Cosijoeza listened to everything, and then he embraced her and calmed her with tender words. "I forgive you, dearest wife. You have demonstrated loyalty to my kingdom in all your actions and I trust you completely." The young king felt profound compassion for his young wife, for the many months she had suffered with such a tremendous burden in her heart. "What can I do to demonstrate my forgiveness and my love?" thought the king, looking up at the leaves of his treasured tree. Suddenly the answer came to him.

The following day, Cosijoeza sent the Aztec king ten beautiful Trees of the White Flowers. His love had conquered his hate. Ahuitzotl, the powerful Aztec king, and Cosijoeza, the kind Zapotec king, never battled each other again.

The Trees of the White Flowers, the magnolias, can still be seen at the site of Tenochtitlán, the ancient capital of the Aztecs, which today is called Mexico City, the capital of Mexico.

The Origin of the Prickly Pear Cactus
A legend from Mexico

Mexico has many different landscapes; there are majestic mountains, pristine beaches, steamy jungles and bustling cities. But more than anything else, when one pictures a single landscape of Mexico, it is that of a cactus in the desert. The most well-known and beloved cactus is the short, spiny prickly pear. It twists itself into unusual configurations as it grows, and on top of its succulent leaves grow fruits that look like juicy red pears. The prickly pear is a very useful plant; the leaf is often cooked and eaten as a vegetable, and the fruit is a delicacy. This cactus, which is frequently depicted on the Mexican handicrafts of today, was depicted on the Aztec shield five hundred years ago. The following legend tells us the importance of the prickly pear cactus in Mexico.

Many centuries ago, a number of Indian tribes lived in the land that is today Mexico: the Mayas, the Zapotecs, the Toltecs, and many more. The Aztec tribe was nomadic; they were not friendly. Other tribes called them "chichimec," which translates to "barbarians" or "sons of dogs," due to their cruelty in war and the bloody human sacrifice of their prisoners of war. Near the year 800 the Aztecs were living in seven caves when their gods gave them an enigmatic order: "You must search for a new land where you will build a great city."

"But how will we know if the land is good?" asked the Indians.

"You will find an eagle perched on a prickly pear cactus, devouring a serpent. You will build your city on this site."

So the tribe of Aztecs began a long journey in search of these signs. They were accompanied by Huitzilopochtli, the god of war. For many centuries they wandered searching for the special signs.

Finally, around the year 1300, the Aztecs arrived at the great valley of Mexico, where they stood before the big lake named Texcoco. The head priest gathered the tribe and announced, "This place is good. Here we will stay until our gods show us the signal telling us where to build our city."

The land around Lake Texcoco was inhospitable; it was a swamp filled with poisonous snakes. The Indians had to travel to the mountains to get drinkable water, and the land was not good for farming. Well established tribes already lived in the mountains surrounding the lake, so the Aztecs had to form their community on an island in the middle of Lake Texcoco.

The Aztecs were hard workers; they began to build a city. Life was difficult; they had to eat snake and duck meat, fish, and the larvae of the mosquitos that were everywhere. Little by little, and year after year, the city grew, and the Aztecs still waited for the signs that their gods had promised.

Huitzilopochtli, the cruel god of war, continued to live with the Aztecs, and demanded the daily sacrifice of human hearts. The Indians both adored and feared him. In order to satisfy his appetite for blood, the Aztecs continually warred against neighboring tribes with the sole purpose of gathering prisoners destined for the sacrificial altar. All the world hated and feared the Aztecs, but, as their land and city flourished, their cruelty and power blossomed as well.

Huitzilopochtli had a sister who lived far to the north in a peaceful tribe. She suffered tremendously knowing of the pain that was caused by her brother. She had a little son named Cópil; although he was just a young boy, he was intelligent and compassionate and was aware of this mother's suffering. "When I am grown up," declared the child, "I will march to the south and I will take my uncle prisoner so he will not cause any more pain."

"No, my son," said his mother, "never look for your uncle. He is powerful and cruel. You will not be able to defeat him."

Cópil saw that his words frightened her, and he said no more, but throughout his youth his desire to stop his savage uncle grew ever stronger.

Many years passed. Now Cópil was a brave young man, and he had never forgotten his resolution to defeat his uncle. He formed an army of a thousand men, bid farewell to his mother and started the long journey to the Aztec city. After many weeks the army arrived at the woods that surrounded the outskirts of the city. Cópil decided to spend the night there; the following morning their army would enter the city and would capture Huitzilopochtli by surprise. Sadly, Cópil didn't know that the Aztecs had spies in the forest who listened to the soldiers' plans and strategies. During the night they raced to tell Huitzilopochtli all the details of the approaching attack.

Huitzilopochtli became very angry and his voice thundered out a terrible order, "At midnight my three priests will enter the forest and will find Cópil. While my nephew sleeps, they will cut his heart out and will bring it to me as an offering.

The three priests left on their mission, happy to obey their bloodthirsty god. They arrived in the forest and found Cópil's army without any difficulty. The soldiers were so tired from their travels that not one woke up or sensed the presence of the cautious priests.

They distinguished Cópil by his ornate belt and his silver necklace. The three priests stood over the young captain, watching him sleep. The head priest took from his belt a sharp rock used specifically for sacrifices. He bent down and with one swift stroke, divided Cópil's chest in half, inserted his hand and drew out the palpitating heart. Cópil died without being aware of anything.

The three priests returned to the city, and delivered the heart to Huitzilopochtli. The god held the bloody organ with satisfaction but spoke to himself with sadness. "What a naive young warrior, my nephew—. However did he ever think he could defeat me? Naive, but very brave..."

Then he spoke to his priests. "I do not want to bravery of my young nephew to be forgotten. Take his heart to the small island nearby in the lake and bury it there amongst the rocks and the grass."

The three priests obeyed Huitzilopchtli's orders.

The next morning they returned to the island to discover that during the night a magnificent prickly pear plant had grown amid the rocks and grasses in the spot where they had buried Cópil's heart!

"This plant has grown from the heart of Cópil," announced the head priest, "The red fruit will forever remind us of his valor and of the sacrifice of his life."

As they looked at the cactus, an enormous eagle gracefully flew down and perched on top of it. Caught in it's talons was a twisting serpent. At this moment the valley became dark, and blinding lightning filled the sky. The three priests heard Huitzilopochtli's powerful voice: "I will no longer live with the tribe. I will guide you from the heavens. Honor me with sacrifices of human hearts, and you will remain the most powerful tribe in the land."

The three priests knelt down and regarded the beautiful prickly pear and the eagle that was now beginning to devour the snake; this was the sign the gods had promised them five hundred years ago.

The Aztecs stayed on Lake Texcoco, and there they built the most beautiful and breathtaking city the land had known. They named the city "Tenochtitlán," in honor of the head priest, whose name was "Tenoch."

This magnificent and enormous city still exists in the valley; it is called Mexico City. The Aztec coat of arms, the eagle, perched on a prickly pear cactus, devouring a snake, is still seen today on the Mexican flag.

How the Toad got its Splotches

A legend from Argentina

The frogs of the world are exquisite; there are tiny frogs that resemble jewels, such as those in Central America, with their brilliant red eyes and bright orange feet, or those from the South American rainforest, deceptively innocent in their rainbow of colors, as their venom paralyzes and kills within minutes, and of course, the legendary bullfrogs of North America, with their deep, melodious songs marking the rhythm of the summer evenings. People, visiting the zoo, love looking at the many exotic species of frogs that are gathered from all around the world.

No one, on the other hand, is interested in the toads of the world. Many people make fun of the clumsy, fat toad with his thick, lumpy, mottled brown skin. There is not much beauty in a toad. Some people are even frightened of the humble toad, perhaps due to the many superstitions in which he plays a major role: if you touch him, you will grow warts... toads are a major ingredient in evil spells... all this scorn just because of the ugliness of the poor amphibian. But do you want to know something? The toads don't care. No toad pays the least bit of attention to the indifference of the world. They feel proud of their rough skin because it reminds them of a distinguished ancestor: the toad who once flew to the sky. During the warm spring evenings, when the humid air is filled with the rhythms and songs of the toads in the ponds, they still tell the following legend—of how the toad came to have the splotches on his skin.

Many generations have passed since, on a small faraway island, a toad and a crow were good friends. The crow admired his little friend because he could swim, and the toad admired his feathered friend because he could fly. The toad had not explored the world very much; he had always stayed near the pond where he lived with his parents, his brothers and a multitude of aunts, uncles and cousins. The crow visited him quite often and perched upon a nearby rock, in his ugly, hoarse voice, would tell him about his wondrous journeys over hills, towns and fields of flowers. The toad would hang upon his every word with rapt attention. He hoped he might also see these marvelous sights someday, but, more than anything, he wanted to feel the sensation of flying in the air!

One day the crow arrived at the pond, crowing with excitement about an invitation that had been sent to all the birds on the island. It said:

> *Hear ye, all birds! Please come*
> *To the Fiesta in the Sky!*
> *Enjoy an Evening of Dance*
> *And the Celebration of all our Talents!*

"Please take me with you!" was the toad's immediate response.

You can't come with me—you're just a toad!" the crow teased his plump little friend before flying away to begin his preparations for the fiesta.

According to the invitation, each bird would have to demonstrate a unique talent at the gala. The crow perched on a branch over the pond in order to contemplate his special talent. He knew he had a very rasping voice, so he did not sing especially well. No... probably the nightingales and the canaries would be chosen to sing. The crow didn't know how to tell jokes either... probably the parrots and parakeets would entertain the guests with funny jokes. He certainly did not know how do dance! He supposed that the flamingos and swallows would dance. Without a doubt, the eagles and condors would showcase their aerial acrobatics. The crow began to become depressed. Even the quetzals and the tiny finches could show off their colorful plumage, but the crow had only boring black feathers.

All of the sudden he remembered his old guitar! He found it and began to practice. Two strings were unfortunately missing, but at least it made an interesting sound. The crow played his instrument all week and tried to recall the lyrics to the songs that his father had taught him as a baby.

The guitar was not in tune and the crow's voice was exceedingly hoarse and unpleasant, but he was not concerned; he believed that to possess enthusiasm was infinitely more important than to possess talent. The unfortunate toads that lived in the pond below had to listen to the crow's concerts both day and night, and sooner or later they all had tremendous headaches.

Finally the day of the great fiesta arrived. The crow spent the morning polishing his old guitar with dry leaves until it shone and warming up his voice singing scales and arpeggios. At noon he flew down to style his black feathers with pond water.

"Please take me with you!" begged the toad when he saw his friend.

"No, you cannot come to this fiesta," said the crow. "You don't have wings, you don't have feathers, and you're not a bird! I'll tell you all about it tomorrow."

The toad sighed with great sadness and looked up wistfully at the endless blue sky. The crow paid no attention to him and continued to preen himself with pond water. The toad was on the verge of begging on his knees, when he suddenly spied the guitar laying in the weeds behind the crow, and a marvelous idea came to him. Without saying another word, the toad hopped inside the guitar, wriggling through the space where the two strings were missing, and there he hid, completely quiet and motionless.

The crow finished preparing his appearance and observed his reflection in the pond. "How handsome I am!" he thought, admiring himself from all sides. "Bye, Toad! I'm off!" called the crow. He didn't see his friend, but he had no time to search for him now because he did not want to arrive late to the party. He held the guitar neck firmly in his talons and went flying off. Such was his enthusiasm and excitement that he didn't notice the slight additional weight of his guitar.

The toad, hidden inside the instrument, was jubilant to feel the incomparable sensation of flight! It was more wonderful that he had ever imagined!

In no time at all they had arrived at the fiesta in the sky. The crow, leaving his guitar at the entrance, hurried away to join his colleagues. The toad remained in his hiding place and peeked out of the guitar's sound hole. What elegance! What beauty! All the most beautiful birds of the world were there, talking, laughing, drinking wine and nibbling on seeds.

Soon the exhibitions of talents and skills commenced. The nightingales and the canaries sang selections from a German operetta, the flamingos and swallows presented Spanish folk dances, the eagles and the condors thrilled the guests with their aerial acrobatic feats and the parrots and parakeets told hilarious jokes between the various acts.

"And now I am ready to sing a ballad accompanied by my guitar," announced the crow proudly.

The toad froze with fear. "What will they do to me if I am discovered?" he thought, his little legs trembling.

"No thank you, Mr. Crow," said the leader, a pompous peacock, "unfortunately there is no time for you now... because the dance begins!"

The birds all applauded enthusiastically, as the pelican orchestra stepped up; they tuned their instruments and began to play a tango. All the birds began to dance in a frenzy, and no one paid any attention to the disgruntled crow, who was grumbling to himself in a corner.

The toad sighed with relief, and concentrated again on the spectacle. The music filled his little heart with happiness. Everyone danced to the beat of the music; the storks with the macaws, the flamingos with the toucans, the canaries with the finches, the eagles with the doves... What a fantastic party!

Suddenly, without thinking, the toad jumped out of the guitar and joined the birds. He hopped from one foot to the other with the rhythm of the music. He danced with joyful, impressive agility and with wild enthusiasm as well; first with a nightingale, then with a stork, then with a parakeet... until he had been every bird's partner! The birds were enchanted with the tiny dancer, and as far the toad was concerned, well, it was an unforgettable evening! Occasionally he thought of his friend and worried about his anger if the crow discovered him at the birds' fiesta, and at those moments he attempted to hide himself from his bad-tempered friend's view.

Finally the exhausted toad had to rest from dancing. He sat in a chair, panting, his little heart beating fast. All the birds gathered around him and applauded passionately.

"How did you learn to dance so divinely?" asked a seagull.

"How did you come to this fiesta without having any wings?" asked a parrot.

"Do you have any brothers you could bring to the next party?" asked a finch.

The toad felt it would be wise not to say anything.

"Can you sing as well as you dance?" asked an owl.

The toad could not resist the invitation. Like all the toads in the world, he loved to sing! He stood up and in his powerful voice, sang an ancient song of love and betrayal. The birds listened with tears in their eyes, and when the last notes faded away, the air reverberated with shouts of "Bravo! Bravo!"

This noise brought the crow out of his melancholy reverie, and he joined the other birds to see who it was that entertained them so.

How furious he felt when he discovered that the object of their admiration was none other than his earthbound friend, the toad! But how in the world had he arrived at this party in the sky? It suddenly dawned on the crow that the toad must have hidden himself inside his guitar. His heart filled with resentment, and he yearned for sweet revenge. He pushed himself inside the circle of birds, and grabbed the hand of the frightened toad.

"It is I who invited Mr. Toad to our fiesta because I knew of his immense musical talent," lied the crow with a big, false smile. "But it's getting late now, and his family will start worrying, so Toad and I must leave now. Goodbye!"

He dragged the toad back to the guitar, stuffed him inside, and began the journey back to the land.

"I really like your friends," said the toad, trying meekly to initiate a conversation. The crow continued flying, flapping his wings angrily, and chose not to respond. The toad began to feel a profound fear; perhaps the crow would want to punish him in some way... but how?

"Please forgive me, friend crow," said the toad, "I only hid in your guitar because I wanted to know what it's like to fly."

"You want to know what it's like to fly?" screamed the crow, "Well, fine! I'll show you now!" And with that, the crow turned his guitar upside down, and the little toad fell out the hole and began to fall toward the distant earth. What terror he felt! He did not want to die! He tried to pray, but couldn't; he could only scream, "Aaaaaaaa!"

After falling for what seemed an eternity, the toad struck the earth. He landed in the weeds near the pond and did not die, but the tiny sharp stones on the ground damaged his skin terribly. The poor toad's back was full of bruises and swollen cuts. It was too painful for him to hop, so he lay there on his back almost unconscious. The following morning an uncle discovered him there and carried him back to the pond. His family cared for him and treated him with pond algae, and, as his body slowly mended, the toad told them about his fantastic flight and about the fiesta of birds in the sky. Little by little his wounds healed, but discolored splotches remained on his back, the same as those that the toads have that we know today.

The flying toad became famous throughout the ponds of the world. Pilgrim toads traveled from faraway ponds to see the tiny adventurous hero, touch the ugly splotches on his back and listen to the story of his incredible flight.

Still today, all toads have splotches on their backs in order to honor and remember their brave ancestor.

Although the frogs of the world have soft, smooth and vibrant skin, the spotted skin of the toads indicate their adventurous spirit and their exceptional bravery.

ENGLISH TRANSLATIONS OF SONG LYRICS

1. The Soldier and the Lady *(El soldado y la mujer)*

A young soldier driving was I
When I saw her standing in the dark road
I opened my window and she approached me
And said, "Take me to the dance, please"

She got into my car but spoke little
I stared at her mystical eyes
Her pale face enchanted me
And together we went to the dance

Refrain: And I can't forget her happiness when she danced
I can't forget the soft touch of that lady

The modern music made her cry
She couldn't bear the sounds and noises until
The guitar began to play
The music of yesterday

We danced and danced together
Until the hour the dance ended
With the cold of the night her body trembled
And I covered her with my military jacket

Refrain

I wanted to leave her at her house, but no
She made me leave her in the dark road
So alone and sad that I felt sorry
And so I left her with my military jacket

I returned to see her, an old lady saw me
I described the woman and the old lady cried
She took me to the graveyard and - what a shock!
On the gravestone lay my military jacket

2. The Parrots Scream *(Gritan los loros)*

All night I listen from my bed
The noise, the chirping, the little melodrama
I get angry and don't sleep all night
I throw my clock and break the window

Refrain: The parrots scream - Why do they scream so much
Without making any sense?
The parrots talk   -   Why do they talk so much
Of gossip - not of truths?

Chipi chipi rácasu   Quiri papa tócanu
Pretty at first, and ugly afterwards
Chipi chipi rácasu   Quiri papa tócanu
Pretty at first, and ugly afterwards

The sun comes, the bell rings
But I'm sleepy all morning
When I close my eyes, a voice proclaims
"The song of the parrots remains fixed [in the mind] always"

Refrain

You never listen, but you talk and talk
You never understand, but you always repeat
You get excited and wave your hands
You almost seem to grow a beak and wings

Refrain

3. Weave me something of wool *(Téjeme algo de lana)*

Weave me something of wool
A coat or a blue sweater
For the cold of winter   weave it lovingly
A coat or a blue sweater

Weave me something of wool
A coat that everyone should admire
In order to protect me   please make me
A coat that everyone should admire

Refrain: You weave and you wove, now you are weaving
You always have woven, and always will you weave
You wove when you were young day after day
And everyday you want to weave more and more

Weave me something of wool
While you weave I will not disturb you
I'll bring you your drinks   I'll bring you your meals
While you weave I will not disturb you

Weave me something of wool
Put on buttons and a cape also
I will be your servant   absolutely
Put on buttons and a cape also

Refrain

When I was very young
I consulted with a seamstress
I requested that she make me   a flag
But she wove me a coat

I always wore my coat
The winter no longer made me cold
My body grew   it was agony
One winter when it didn't fit me anymore

4. El Sombrerón

The beautiful Celina didn't eat
She didn't want to work   nor get up in the morning
And her poor parents worried
Of the witchcraft that transformed her this way

Refrain: El Sombrerón   he's a flirt
El Sombrerón   he's a curse
El Sombrerón   the daughters must be guarded
From his song

El Sombrerón   he's a flirt
El Sombrerón   he's a curse
She who listens to his guitar
Dies of passion

2.   And the light of the moon touched her
It was reflected in her eyes and in her hair also
Through the open window she listened
To the voice that sang to her, "My love, come"

Refrain:

Although you may try to protect your daughter, father
And mother, although you may want to lock her up
You can't avoid the light of the moon
Love comes
With all of it's pain
To confuse the heart, el Sombrerón

3.   The beautiful Celina passed away
Without el Sombrerón she didn't want to exist
El Sombrerón now has weeping in his song
For love and it's power of destruction

5. Margarita Pareja's blouse (*La camisa de Margarita Pareja*)

She had a mountain of dresses
And from her fingers sparkled rings
Of - esmeralds and pearls   They always tell me -
He only had one pair of shoes
Two pairs of pants - both of them inexpensive
And - one old belt   And they always say -

Refrain: Suddenly in the road   perhaps it was destiny
          The two of them discovered each other   and their hearts fused together
          In a single instant   from then on
          Their love brought to them   compassion and happiness

2. She studied French in Paris
   And traveled to every country
   In - North and South America   They always tell me -
   He worked resolutely
   Day after day in his poor corner
   In - the beautiful city of Lima   And they always say -

Refrain

3; "Don't be foolish, please, Margarita! -
   Forget Luis - the passion will leave you!"
   Counseled her parents   They always tell me -
   "She is pretty, it's true, my nephew,
   But she is rich, and you're a peasant -
   And   - for this reason you two will never be happy!"   And they always say -

(Descant - high voices)

It is more expensive than
The [wedding] shirt of
Margarita
Pareja

Refrain

4. The two of them married - it was a wedding with a mass
   The bride wore a lovely shirt
   With - threads of gold and silver   And now I say -
   The years passed - the shirt now is mine
   A lovely memory of my family
   Of - Margarita and Luis - my grandparents

7. El Caipora

Refrain:
> In the branches, el Caipora
> Landlord of the forest and protector
> The omnipotence of his presence
> Fills every tree, every flower
> In the grasses, el Caipora
> Father of the Mountain and conducto
> Through water, air, land and blood
> He judges his world ferverently

Toño, Toño, Toño worked in the forest
Worked in the forest never ceasing
Toño respected the plants and animals
Toño respected the natural jewels
Toño didn't cut down the tropical trunks

The Caipora came - Toño looked at him
Sparks in his eyes - Toño trembled
Oh, what a fright!   He stammered a pray
The Caipora let him escape

Refrain

Chico, Chico, Chico worked in the forest
Worked in the forest never ceasing
Chico did kill the plants and animals
Chico did rob the natural jewels
Chico did cut the tropical trunks

The Caipora came - Chico looked at him
Sparks in his eyes - Chico smiled
Oh! What a surprise! He offered his pip
The Caipora turned him into a ghost

Refrain

6. The Gypsy's Song *(El canto de la gitana)*

Pass through the curtains   to the darkness of my place
Sit down and ask me   of your future and of the truth
Listen well to my suggestions   With my voice I will save you
Lies, jokes, realities, my secret - only I know

Refrain: I'm the mysterious gypsy woman,   worldly vagabond
> My look is powerful and my voice universal

2.   I suggest that you always treat the spiders with affection
I advise you to give alms to the old lady in the corner
I counsel you not to marry with your love in the month of May
I recommend that you do not travel to the mountains by horse

Refrain

3.   They come from the mountains and from valleys to consult me
The rich from their mansiones and the poor [come] to beg me
The Christians, the Moors, the princes, the servants
The old and embittered, the young and innocent

Refrain

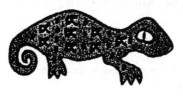

8. La Magnolia

High melody:

Come, look at the flower
Beautiful the flower
White, soft and delicate the flower
Come, look at the flower
Beautiful the flower
The petals of velvet

Fragile it is,   But strong is
It's fragrance in the memory   (2X)

Low melody:

Strong armies are always celebrated
Lovely poems are always written
Bragging of the bloody wars and battles
Tall sculptures are always erected
Theatrical works are always composed
Honoring triumphant generals

But the best   - the greatest conqueror
Is only love - simply it is love   (2X)

Between countries there are competitions
Between teams there are exhibitions
Showing the world their invincible feats
Between families there are arguments
Between neighbors there are altercations
 Disputing the friendships of their children

But the best   - the greatest conqueror
Is only love - simply it is love   (2X)

All:

Love always   eternal love
Love is the fragrance   the immortal fragrance

9. Let's Plant a Flower
(Plantaremos una flor)

Let's plants a flower in our garden
Let's plant a flower although it may be small
Let's plant a flower - the color isn't important
Let's plant a little flower - little!

1. We will pick a rose - I don't want any other thing
   We will pick a rose for our garden

2. We will pick a prickly pear flower - later we'll eat it
   We will pick a prickly pear flower for our garden

3. We will pick a carnation because it smells of honey
   We will pick a carnation for our garden

Extra verses:

4. We will pick a marigold - we'll put more in the balcony
   We will pick a marigold for our garden

5. We will pick a zinnia - it will bloom until autumn
   We will pick a zinnia for our garden

10. The Toad and his Song
(El sapo y su canción)

Refrain: Jip Jip jip Listen
         To the toad and his song!
         From the stone in the pond
         Singing to the world
         The toad and his song

1. The crow has a guitar
   Pero I'm more popular than him
   The crow has a guitar
   And I'm more popular than him

2. The crow's voice is hoarse and ugly
   And I'm more popular than him
   The crow's voice is hoarse and ugly
   And I'm more popular than him

3. The crow flies and I only hop
   But I'm more popular than him
   The crow flies and I only hop
   And I'm more popular than him

4. The crow is foolish and I am clever
   And I'm more popular than him
   The crow is foolish and I am clever
   And I'm more popular than him

Extra verse:

5. The crow is sleek and I am spotted
   But I'm more popular than him
   The crow is sleek and I am spotted
   And I'm more popular than him

Glossaries

Spanish-English
English-Spanish

A

ablandarse	soften, to
abrazar	embrace, to
abrigo, el	coat
absoluto, en	absolutely not
absurdo	absurd
abundancia, la	abundance, plenty
aburrido/a	boring
acantilado, el	cliff
acercarse	approach
acomodarse	be comfortable
acompañar	accompany, to
acordarse	remember, to
acorde, el	accord, agreement
acueducto, el	aqueduct
adelgazarse	become thin
admiración, la	admiration
adorno, el	decoration
advertir	notice, observe, to
afilado	sharp
afinar	tune, to
afligido/a	afflicted
agachar(se)	bend, to
agarrar	grasp, grab, to
agonizante	in agony
agotado	exhausted
agua potable, el	water, drinking
agudo(a)	sharp
águila, el	eagle
agujero, el	hole
aire, el	air
ajeno/a	distant
ajetreado	bustling
alas, las	wings
alegría, la	joy
algas marinas, las	marine algae
alita, la	wing (little)
aliviar, aliviado	ease, to, relieved
alivio, el	relief
alma, la	soul
almacén, el	store
almohada, la	pillow
altercación, la	argument
amanecer (del sol)	sunrise

amontonar	gather, to
anciana, la	old woman
anfibio, el	amphibian
angustiadamente	distressed
anhelo, el	yearning, longing
animar	encourage, to
anoche	last night
anochecer, el	dusk, nightfall
anonado	overwhelmed
anterior	previous
anticipación, la	anticipation
anticipado, por	in advance
anticuado	old-fashioned
apagar	extinguish, to
aparencia, la	vision
aparición, la	apparition
apasionado	passionate
apellido, el	surname
a pesar de	in spite of
aplomo, el	poise
apretón, el	handshake
araña, la	spider
árbol, el	tree
arpegio, el	arpeggio
arrodillarse	kneel
arrogante	arrogant
arroyo, el	stream
artesanía, la	handicrafts
asistir	help, assist, to
asoleado	sunny
asombrado	amazed
asombro, el	astonishment
áspero(a)	harsh
asunto, el	subject
asustar	frighten, to
atacar	attack, to
atemorizar	frighten, to
aterrorizado	terrified
atesorar	treasure, to
atraído	attracted
atreverse	dare, to
aumentar	grow, to
ausencia, la	absence

avanzar	advance
ave, el	bird
aventura, la	adventure
avergonzado	embarrassed
avispa, la	wasp

B

bailarín, el	dancer
baile, el	dance
bajo/a	low
balbucear	stammer, to
bandada, la	flock
barco de vela, el	sailboat
barrio, el	neighborhood
batalla, la	battle
bello/a	beautiful
benévolo	benevolent
besar	kiss, to
bobo	stupid, foolish
boca, la	mouth
boda, la	wedding
bondadoso	kind
bordado	embroidered
bordado, el	embroidery
bosque, el	forest
boton, el	button
bramido, el	roar, howl
brillar	shine, sparkle, to
brincar	bounce, to
brindar	offer, to
brisa, la	breeze
brotar	bring forth, to
bruja, la	witch
burlarse	make fun of, to
busca, en	in search for
buscar	look for, to
búsqueda, la	search (n)

C

caballeroso	chivalrous
caballo, el	horse
caber	fit
cabeza, la	head
cacto, el	cactus
caer(se)	fall, to

cálido/a	warm, hot
caliente	hot
callado	silent
cambiar	change, to
caminar	walk, to
caminata, la	walk, long
camino, el	road
camisa de novia, la	bridal shirt
campo de trigo, el	wheat field
camposanto, el	cemetery
canal, el	canal
canario, el	canary
cansado/a	tired
capturar	capture, to
capucha, la	hood
cara, la	face
carámbano, el	icycle
carbón, el	charcoal
carcajada de risa, la	laughter outburst
carga, la	load
cargo de, a	in charge of
caricia, la	touch, caress
caro/a	expensive
carretera, la	road
casa de huéspedes	boarding house
casarse	marry, to
castigar	punish, to
casualidad, por	by chance
casucha de adobe	adobe shack
causa, la	cause
cauteloso	cautious
cautivado	attracted
celda, la	cell
celestial	heavenly
cementerio, el	cemetery
cercano	near, close
cesar	stop, to
chaqueta militar, la	military jacket
charco, el	puddle, pool
chillar	squeak, to
chillón/a	shrill
chimenea, la	chimney
chiquitín	tiny
chismear	gossip, to
chiste, el	joke
ciego	blind
cielo, el	heaven, sky
cigüeña, la	stork
cintura, la	waist

cinturón, el	belt
ciudad, la	city
claror de luna, el	moonlight
clavado/a	stuck, precise
clavar	fixate, to
clavar la vista	piercing look
clavel, el	carnation
clavelón, el	marigold
coche, el	car
codiciado	greedy
colchón, el	mattress
colgado	hanging
colina, la	hill
collar de plata, el	silver collar
colmar	overwhelm
colmillo, el	canine tooth
comentar	comment, to
compasivo	compassionate
confesar	confess, to
confianza, la	confidence
confiarse	confide, to
confundir	confuse, to
congelar	freeze, to
conjunto, el	group
conquistar	conquer, to
conseguir	obtain, to
conspiración, la	conspiracy
constante	constant, steady
construír	build, to
contener	contain, to
contentarse	satisfied, to be
contundir	bruise, to
convento, el	convent
convertirse	turn into . . ., to
coquetón, el	flirt(n)
corazón, el	heart
cordialidad, la	courtesy
cordón, el	cord, braid
cortar	cut, to
cortes, los	cuts, bruises
corteza, la	bark
costurera, la	seamstress
creencia, la	belief
criado, el	servant
cristalizado(a)	cristallyzed
crueldad, la	cruelty
cruzar	cross, to
cuadrado, el	square
cubrir	cover, to

cuello, el	neck
cuerpo, el	body
cuervo, el	crow, raven
cueva, la	cave
cuidar	take care of, to

D

daño, hacer	damage, to
darse cuenta	realize, to
de modo que	in a way that
de repente	suddenly
debilitarse	weaken, to
dedo, el	finger, toe
delgado	thin
delicadeza, la	delicacy
demostrar	demonstrate
deprimido	depressed
derretir	thaw, melt, to
desacuerdo, el	misunderstanding
desaparecer	disappear, to
descolorido	discolored
desconcertado	disoriented
desconsolado	disconsolate
descubrir	discover, to
desdichado	unfortunate
deseo, el	desire
desesperación, la	desperation
desesperarse	become desperate
desgraciado	unfortunate
desmayado	faint,unconscious
desmoralizado	demoralized
desnudo(a)	bare
despachar	sell, to
despedirse	say goodbye, to
despensa, la	pantry
despertar	wake up, to
desprecio, el	contempt
destello, el	sparkle
destreza, la	skill
destrozado	destroyed
destruir	destroy, to
desvanecer	vanish, disappear
detener	detain, stop
devorar	devour, to
diario, a	daily
dicho, el	expression
dignidad, la	dignity

divertirse	have a good time
dolor de cabeza, el	headache
dolor, el	pain
duda, la	doubt
dueño, el	owner
dulce	sweet
durar	last, to
duro	hard

E

ejército, el	regiment
elote, el	ear of corn
emanar	originate, to
emoción, la	emotion
empequeñecer	belittle, to
empezar	begin, to
emplumado	feathered
en plena marcha	in full swing
enamorarse	fall in love, to
encadenado	chained
encaje, el	lace
encantador(a)	enchanting
encantar	charm, to
encaramado	top, on
encerrar	lock up, to
encolerizado	angry
encuentro, el	meeting
enfermo	ill
enfriarse	freeze, to
engaño, el	deceit
engañosamente	deceitful
enloquecido	crazy, maddened
enojarse	become annoyed
enojo, el	anger
enredadera, la	climbing vine
enseguido/a	following
entablar	board up, to
enterrar	bury, to
entregar	deliver, to
entrenamiento, el	training
entrenar	train, to
entretener	entertain, to
envenenado	poisoned
envidia, la	jealousy, envy
época, la	epoch, time
equipo, el	team
equivocarse	make mistake, to

errar	wander, to
esbelto/a	sleek, slender
escala, la	scale (*musical*)
escalofrío, el	shiver
escapar	escape, to
esconder	hide, to
escondite, el	hiding place
escuchar	listen
esculpido(a)	carved
esfuerzo, el	effort
espalda, la	back *n*
espanto, el	shock
espantoso	terrifying
especie, la	species
espectral	ghostly
esperanza, la	hope
esperanzado	hopeful
espeso	thick, greasy
espía, el	spy
espléndido	splendid
esposa, la	wife
espuela de plata, la	silver spur
estatura, la	stature
estremecer	tremble, to
estribillo, el	refrain
estupefacto	dumbfounded
eternidad, la	eternity
excedir	exede, to
exigir	demand, to
expectante	expectant
exponer	display, to
extender	extend, to
extrañar	miss, to

F

fallar	fail, to
fallecer	die, to
falsedad, la	falsehood
fantasía, la	fantasy
fantasma, el	ghost, phantom
fascinado/a	fascinated
fatídico	fateful
fatigado	tired
fealdad, la	ugliness
felicidad, la	happiness
feroz	fierce
fervor, el	fervor

festejar	celebrate, to
figura, la	figure
figurarse	depict, to
fijarse en	notice, to
fingir	fake, to
flauta, la	flute
flecha, la	arrow
floreado(a)	flowery
florecer	blossom, to
fondo, el	depth
fortuna, la	fortune, fate
frágil	fragile
fragrancia, la	fragrance
frase, la	phrase
frenesí, la	frenzy
frenético/a	frantic
fuente, la	spring, fountain
fuerte	strong
fumar	smoke, to
fundir	fuse, merge, to
furor, el	fury

G

ganar dinero	make money, to
gastar	spend, to
gemir	moan, to
gitano, el	gypsy
gobernar	govern, to
golondrina, la	swallow
golpe, el	stroke, blow
golpear	strike a blow, to
gordo	fat, obese
gorra, la	cap
gota de agua, la	drop of water
gozar	enjoy
gracia, la	grace
grano, el	grain
graznar	croak, cackle
grotesco/a	grotesque
grueso	thick, bulky
guacamayo, el	macaw
guapo	handsome
guardarropas, el	wardrobe
guerra, la	war
guerrero, el	warrior
guiar	guide, to

H

habitación, la	home
hacienda, la	ranch
hambre, la	hunger
hazaña, la	exploit, feat
hechicera	bewitching
helecho, el	fern
herida, la, herido	injury, injured
hermana, la	sister
hermosura, la	beauty
hierba silvestre, la	weed (uncultivated)
hilo, el	thread
hinchar	swell, to
hogareño/a	housekeeping
hoguera, la	fireplace
hoja, la	leaf, blade
hombre de negocio, el	businessman
hombro, el	shoulder
honrar	honor, to
horrorizado	horrified
huérfano, el	orphan
hueso(s), el, los	bone(s)
huir	flee, to
húmedo(a)	humid
humilde	humble
humillante	humiliating
hurtadillas, a	on the sly

I

iglesia, la	church
iluminar	light up
imaginación, la	imagination
incansadamente	untiringly
incapaz	incapable
incrédulo	incredulous
increíble	incredible
indiferencia, la	indifference
indignación, la	indignation
infecundo/a	barren
ingenio	naive
inhóspito	inhospitable
iniciar	start, initiate, to
inmenso	immense
inmóvil	immobil
inolvidable	memorable

inquieto	anxious, worried
inscripción, la	inscription
insistir	insist, to
insoportable	insufferable
intentatmente	intensively
intrigado, estar	intrigued, to be
invadir	invade, to
invernal	wintery
invertido	inverted
invierno, el	winter
invitado, el	guest
isla, la	island
isla, la	island

J

jactar	boast
jadear	pant, to
jamás	never
jardín, el	garden
jarra de miel, la	jar of honey
joven	young
joya, la	jewel
jugoso	juicy
juguetón	playful
juramento, el	oath

L

lago, el	lake
lágrima, la	tear
lana, la	wool
lápida, la	tombstone
lástima, la	pity
lealdad, la	loyalty
lechuza, la	owl
leñador, el	woodcutter
libertad, la	liberty
listo/a	clever
liviano/a	light
llanto, el	weeping
llegada, la	arrival
llenar	fill, to
llevar a cabo	take place
llorar	cry, to
lobo, el	wolf
lorito real, el	little parrot

luchar	fight, to
lucir	shine, to
lugar, el	place
luna, la	moon

M

machete, el	cane, knife
macizo/a	solid, massive
madera, la	wood
madrugada, la	dawn
magnífico	magnificent
maldición, la	curse, oath
malhumorado	bad-humored
mancha, la	spot, stain
manchado/a	spotted
mandato, el	command
manejar	drive, to
manto, el	mantle, cloak
maravillar	marvel
marbete, el	label
marchar	march, to
mariposa, la	butterfly
marisma, la	swamp
marrón	maroon
masa, la	dough
matar, matado	kill, to / killed
matrimonio, el	husband and wife
meditabundo/a	meditative
meditar	meditate, think,to
mejilla, la	cheek
mensaje, el	message
mentir	lie, to
mentira, la	lie *(n)*
mérito, el	merit, value
meta, la	goal
mezcla, la	mixture
miel, el	honey
milagro, el	miracle
mirada, la	glance
místico/a	mystical
mochila, la	sack, knapsack
molestar	bother, to
monja, la	nun
mono, el	monkey
moño, el	bow of ribbon
monstruoso/a	monstrous

monte, el	woods, forest
montón, el	pile, heap
moretón, el	black&blue mark
morir	die, to
moro, el	Moor
mostrador, el	counter
mozo, el	young man
muchedumbre, la	crowd
muerte, la	death
mula de carga, la	pack mule
mundial	worldwide

N

nacimiento, el	birth
nadar	swim, to
nariz, la	nose
negar	refuse, to
nido, el	nest
niebla, la	cloud
nieve, el	snow
niñez, la	childhood
noble, el	nobleman
nopal, el	prickly pear
nuez, la	nut

O

obrero, el	workman
obscuridad, la	darkness
obstinado/a	obstinate
ocelote, el	ocelot
ocultar	
odiar, odio, el	hate, to, hate (n)
ofender	offend, to
oferta, la	offer
oficinista, el	clerk
ofrecer	offer, to
ofrenda, la	offering
ojalá	God grant . . .
ojeras, la	rings (under eyes)
ojos, los	eyes
ola, la	wave
oler	smell, to
olvidar	forget, to
omnipotente	omnipotent
ondear	wave

orgullo, el	pride
orgullosamente	proudly
origen, el	origin
oscuro, obscuro	dark

P

paisaje, el	landscape
pájaro myna, el	myna bird
pálido/a	pale
paloma, la	dove, pigeon
palpitante	palpitating
parar(se)	stop, to
pared, la	wall
pasajera/o, la,el	passenger
pasión, la	passion
paso, el	step
pasto, el	pasture
pata, la	foot, paw
pausa, la	pause
paz, la	peace
pecho, el	chest
pedir	ask for, to
pedregoso	rocky
pegar	stick, to
pelea, la	fight, battle
pelear	fight, to
peligroso	dangerous
pelón(pelona)	bald
pena, la	suffering
penetrante	penetrating
pepino, el	cucumber, pickle
pera, la	pear
perceber	observe, to
pérdida, la	waste
perdido/a	lost
peregrino	traveling
perezoso	lazy
periquito, el	parakeet
pertenecer	belong, to
pesado(a), peso, el	heavy, weight
pétalo, el	petal
petición, la	petition
pezuña, la	hoof
pico, el	beak
pie, a	on foot
piedra(s), la, las	rock(s)
piel, el	skin
pierna, piernita, la	leg, little leg

pino, el	pine tree
pintoresco	picturesque
pinzón, el	finch
pipa de fumar, la	pipe for smoking
pipa, la	pipe (musical)
pisar	step on, to
pista de baile, la	dance step
pista, la	floor
placer, con	pleasure, with
planear	plan, to
plantación, la	plantation
plantar	plant, to
platicar	chat, to
platinado	silvery
playa, la	beach
pluma, la	feather
plumaje, el	plumage
poder, el	power
poder, el	power
poderoso	powerful
podrido	rotten
pollo, el	chicken
polvoriento	dusty
portal, el	city gate
posar	perch, to
poseer	own, possess, to
precedido	preceding
premeditación, la	premeditation
preocuparse	worry, to
presentir	presentiment
prestar	lend, to
príncipe, el	prince
principio, al	first, at
profecía, la	prophesy
prometer	promise, to
propósito, a	on purpose
propósito, el	purpose (n)
prosperar	prosper, to
próspero	prosperous
protección, la	protection
proteger	protect, to
protesta, la	protest
provenir	come, arise, to
pueblo, el	village
puerta, la	door
pulir	polish, to
pulsante	pulsating
puntería, la	marksmanship
puntilla, la	tiptoe

punzante	sharp, pricking

Q

quebrado/a	broken
quemar	burn, to
quetzal, el	quetzal (bird)
quieto	quiet

R

raíz, la	root
rama, la	branch
rana toro, la	bullfrog
rascamoño, el	zinnia
real, el	coin (Peru)
realidad, la	reality
recámera, la	bedroom
recipiente, el	jar, container
recomendar	recommend, to
reconocer	recognize, to
reconocido	well-known
recostar, recostado	lean back, rest
recuperar	recuperate
reforzarse	reinforce
refugio, el	refuge
regalo, el	present, gift
regañar	scold, to
regresar	return, to
rehusar	refuse, to
reina, la	queen
reino, el	kingdom
reír	laugh, to
relámpago, el	lightning
reojo, de	askance, sideways
resbalar	slide, skid, to
resolución, la	resolution
respetar	respect, to
respirar	breathe, to
resplandeciente	radiant
respuesta, la	answer
retorcer	twist, to
reunir	assemble
rezar	pray, to
rezo, el	prayer
rincón, el	corner
risa, la	smile

risueño	smiling
ritmo, el	rythm
rizado	curly
roble, el	oak tree
roca, la	rock
rodear	surround, to
rodilla, la	knee
ronco/a	hoarse
ruído, el	noise
ruidoso	noise
ruiseñor, el	nightingale

S

sabio	wise
sabroso	tasty
sacar	take out, to
sacar ventajas	take advantage
sacerdote, el	priest
sacrificio, el	sacrifice
saltar	hop, jump, to
saludable	healthy
saludar	greet, to
salvage	wild, savage
salvar	save, to
sanar	heal, to
sangre, la	blood
sangriento	bloody
sanguinario	bloodthirsty
sapo, el	toad
satisfacer	satisfy, to
seco/a	dry
secreto, el	secret
sed, la	thirst
seductor/a	tempting
seguir	continue, to
seguir al piso	follow along, to
selva, la	jungle
semilla, la	seed
señal, el	sign
señas, hacer	signal, flag down
sendero, el	footpath
sensibilidad, la	sense
sensual	sensuous
ser, el	being *(n)*
serenata, la	serenade
serpiente, la	snake
siglo, el	century

silbar	whistle, to
simpático	pleasant
sirviente, el	servant
sitio, el	place
sobrevivir	survive
sobrino, el	nephew
soleado	sunny
sollozar	sob, to
sollozo, el	sob
solo/a	alone
sonar	sound, to
soñar	dream, to
sonreír	smile, to
soplar	blow, to
sorprendido	surprised
sótano de escondite, el	hiding place
subir	climb, to
suceder	happen, to
sueño, el	dream
sufrimiento, el	suffering
sugerencia, la	advice
sugerir	suggest, to
suplicante	suppliant
suplicar	plead, to
suspirar	whisper, sigh, to

T

talón, el	heel
tambalear	stagger, to
tarea, la	task, job
tejer	knit, to
telaraña, la	spider web
temblar	tremble, to
temer	fear, to
temeroso	fearful
tempestad, la	storm
temporada, la	season
terciopelo, el	velvet
tesorar	treasure, to
tienda, la	store
tierno/a	tenderly, soft
tierra, la	earth
tierra, la	land, country
tinieblas, las	darkness
tobillo/s	ankle(s)
tocar *(instrumento)*	play, to
tonto/a	foolish, stupid

toque, el — touch
torbellino, el — whirlwind
torpe — clumsy
tortillería, la — tortilla factory
traicionar — betray, to
traje de boda, la — bridal gown
traje de vaquero, el — cowboy outfit
trampa, la — trick
triste, tristeza, la — sad, sadness
tronco, el — trunk (tree)
trueno, el — thunder
tucan, el — toucan

U

ubicado — situated, to be
uña, la — nail, toenail
urgencia, la — urgency

V

vacío/a — empty
valentía, la — valor
valer — value, to
valiente — brave
valorar — treasure, to
vals, el — waltz
vencer — defeat, to
veneno, el — poison
venganza, la — vengeance
verdad, la — truth
verdura, la — vegetables
vereda, la — path
verruga, la — wart
vestido, el — dress
víbora, la — viper
vibrar — vibrate, to
vida, la — life
viento, el — wind
vincular — tie, unite, to
vivace — vivid, lively
volar — fly, to
voltearse — turn around, to
voluntad, la — will *n*
volver — return, to
voz., la — voice
vuelo de regreso, el — return trip

Y

yerno, el — son-in-law

Z

zona rocosa — rocky terrain

Glossary - Leyendas con canciones
English - Spanish/inglés - español

A

a lot	mucho
abide, to	cumplir con
absence	ausencia, la
abundance,plenty	abundancia, la
accompany, to	acompañar
accumulate, to	acumular
aching	doloros
adjust, arrange, to	arreglar
admiration	admiración, la
admit, to	admitir
adobe shack	casucha de adobe
adore, to	adorar
advance, to	avanzar
advise, to, advice	aconsejar, consejo
aim, to	apuntar
air	aire, el
alert	listo
alleviate, to	aliviar
almost ready	casi listo
alone	solo/a
altar	altar, el
amazed	asombrado
amount	cantidad
ancient	antiguo
anger, angry	enojo, el, enojarse
anguished	angustiado
ankle(s)	tobillo/s
announce, to	anunciar
answer	respuesta, la
anticipation	anticipación, la
antiquated	anticuado
anxious	ansioso
apparition	aparición, la
apprehension	aprehensión, la
approach, to	acercarse
army	ejército, el
arrival, arrive, to	llegada, la, llegar
arrow	flecha, la
ascend, to	subir
ask for, to	pedir
assemble	reunir
astonished	asombrado
astonishment	asombro, el
astounded	atónito(a)

attack, to	atacar
attempt, to	intentar
attend, to	asistir
attract, to	atraír
await, to	esperar
awake, to be	estar despierto
aware, to be	enterarse de

B

back *n*	espalda, la
backpack	mochila, la
bad-humored	malhumorado
baffled	perplejo
bald	pelón(pelona)
ballad	balada, la
balsam wood	madera de bálsamo
bare	desnudo(a)
barely	escasamente
bark	corteza, la
base	base, la
battle	batalla, la
be comfortable	acomodarse
beach	playa, la
beak	pico, el
beat, pound, to	machucar
beautiful	bello/a
beauty	hermosura, la
become annoyed	enojarse
become aware of	enterarse
become desperate	desesperarse
bedroom	recámara, la
beg, to	rogar
begin, to	empezar
behind	atrás, detrás de
being (noun)	ente, el
belief	creencia, la
belittle, to	empequeñecer
bellow, to	bramar
belong, to	pertenecer
bend, to	agachar(se)
benevolent	benévolo
berry	grano
betray, to, betrayal	traicionar, traición
bewildered	desatinado
bewitching	hechicera

bid farewell, to	despedirse
birth	nacimiento, el
blend *n*	armonía, la
blind	ciego
blissful	feliz
bloodthirsty	sanguinario
bloody	sangriento
blossom, to	florecer
blow, to	soplar
blush, to	sonrojárse
boarding house	casa de huéspedes
body	cuerpo, el
boil, to	hervir
bone(s)	hueso(s), el, los
border, edge	orilla, la
boring	aburrido
bother, to	molestar
boulder	pedrejón, el
bow of ribbon	moño, el
bow, to	inclinar(se)
brackish	salobre
branch	rama, la
brave, bravery	valiente, bravura
breathe, to	respirar
breathtaking	imponente
breeze	brisa, la
bridal shirt	camisa de novia,la
bright	claro, brillante
bring forth, to	brotar
broad	ancho
broken	quebrado/a
brook	arroyo, el
bruise	contusión, la
bruise, to	contundirse
brush, to	acepillar
brusquely	brusco, rudo
buddy, -ies	camarada, el/la
build, to	construír
bullfrog	rana toro, el
burden	carga, la
burn, to	quemar
burst, to	deshacerse
bury, to	enterrar
businessman	hombre de negocio, el
bustling	ajetreado
butterfly	mariposa, la
button	boton, el
buy, to	comprar

C

cackle, to	charlar, cacarear
cactus	cacto, el
calm down, to	calmarse
can't help . . .	no hay remedio
cancel, to	obliterar
cane, knife	machete, el
canine tooth	colmillo, el
canopy	bóveda, la
cap	gorra, la
captivate, to	captivar
capture, to	encantar
care for, to	cuidar
carefully	con cuidado
cart	carreta, la
carved	esculpido(a)
cause, to cause	causa, la, causar
cautious	cauteloso
cave	cueva, la
cease, to	cesar, dejar de
cell	celda, la
cemetery	camposanto, el
century	siglo, el
change, to	cambiar
char, to	quemar
charcoal, coal	carbón, el
charm, to	encantar
chat, to	platicar
cheek	mejilla, la
cheerful	alegre
cherish, to	acariciar
chest	pecho, el
chick	pollito, el
chicken	pollo, el
childhood	niñez, la
chill *(n)*	escalofrío, el
chimney	chimenea, la
chivalrous	caballeroso
choose, to	escoger
church	iglesia, la
city	ciudad, la
clatter, to	moverse ruidosamente
cleanse, to	limpiarse, lavarse
clench, to	agarrar
clerk	oficinista, el
clever	inteligente
cliff	escarpa, la

climb, to	subir	curly	rizado
climbing vine	enredadera, la	curtain	cortina, la
cling, to	pegarse	customer	cliente, el
cloak	capote, abrigo, el	cut, to, cut *n*	cortar, corte, el
clothing	ropa		
cloud	niebla, la		
clumsy	torpe	**D**	
coat of arms	escudo de armas,el		
coat, of fur	abrigo, el, de pieles	daily	diario, a
cobblestone	guijarro, el	damage, to	daño, hacer
coin (Peru)	real, el	dance	baile, el
collapse, to	desplomarse	dance floor	pista de baile, la
colorful	colorido	dangerous	peligroso
command	mandato, el	dare, to	atreverse
comment, to	comentar	dark	obscuro
community	comunidad, la	darkness	obscuridad, la
compassionate	compasivo	dawn	madrugada, la
complaint	queja, la	dazed	aturdido
comply, to	conformarse	dazzling	deslumbrante
concerned, be	tener interés	dead	muerto(a)
confess, to	confesar	deafening	ensordecedor
confide, to	confiarse	death	muerte, la
confidence	confianza, la	deceit	engaño, el
confused	confundido	deep	profundo
conquer, to	conquistar	defeat, to	vencer
consent, to	consentir en	delicacy	delicacía, la
console, to	consolar	deliver, to	entregar
contain, to	contener	demand, to	exigir
continue, to	seguir	demeanor	conducta, la
convent	convento, el	deny, to	negar
cook, to	cocinar	depart, to	salir, partir
cord, braid	cordón, el	depict, to	figurarse
corn on the cob	mazorca de maíz	depressed, to be	deprimido, estar
corner	esquina, la	depth	fondo, el
counsel, to	aconsejar	descend, to	bajar, descender
counter	mostrador, el	desert	desierto, el
countless	innumerable	design	diseño, el
courtesy	cordialidad, la	desire	deseo, el
cover, to	cubrir, tapar	desire	
coveted	codiciado	despairingly	desesperadamente
cowboy outfit	traje de vaquero,el	desperation	desesperación, la
cresting	crestando	despicable	despreciable
cristallyzed	cristalizado(a)	destined	destinado
cross, to	cruzar	destroy	destrozar
crow *n*	cuervo, el	determined	determinado
crowd	muchedumbre, la	devastated	devastado
cry, to	llorar	devious	desviado
cunning	astuto	devour, to	devorar

die, to	morir
dignity	dignidad, la
dilemna	dilema, el
diligent	diligente
disappear, to	desaparecer
discolored	descolorado
disconsolate	desconsolado
discover, to	descubrir
disgruntled	disgustado
disillusionment	desengaño, el
dismount, to	desmontarse
disoriented	desconcertado
display, to	exponer
dissipate, to	disiparse
distant	ajeno/a
distressing	penoso angustioso
disturb, to	estorbar
do a favor	hacer un favor
door	puerta, la
doubt, to doubt	duda, la, dudar
dough	masa, la
downtown	en el centro
drag, to	arrastrar
drastic	drástico
draw closer, to	acercarse
dread, ti	temer
dream, to dream	sueño, el, soñar
dress	vestido, el
drinkable	saludable
drive, to	manejar
drop of water	gota de agua, la
drop off, to	dejar salir
droplet	gotita, la
dry, to dry	seco/a, secar
duck meat	carne de pato, la
dumbfounded	estupefacto
dusk, nightfall	anochecer, el
dusty	polvoriento

E

eagle	águila, el
ear of corn	elote, el
earth	tierra, la
earthbound	bajar de los nubes
ease, to	aliviar
easygoing	comodón

edge	borde, el
eerie	espectral
elbow	codo, el
emanate, to	emanar
embarrasment	vergüenza, la
embrace, to	abrazar
embroidered	bordado
embroidery	bordadura, la
emerge, to	emerger
emotion	emoción, la
employ, to	emplear
empty	vacío/a
enchanted	encantado
enchanting	encantador(a)
encounter	encontrar
encourage, to	animar
end, to	terminar
endless	sin fin
endure, to	aguantar
enemy	enemigo, el
enjoy, to	disfrutar, gozar
ensuing	siguiente
entertained	entretenido
entrance	entrada, la
envy, envious	envidia, la, envioso
epoch, time	época, la
escape, to	escapar
eternity	eternidad, la
everyone	todos
evidence	evidencia, prueba
evil	malvado
exede, to	excedir
exhausted, to be	agotado, estar
expensive	caro/a
expression	dicho, el
extend, to	extender
extinguish, to	apagar
exuberant	exuberante
eyes	ojos, los

F

fabricate, to	fabricar
face	cara, la
factory	fábrica, la
fade, to	desvanecer
fail, to	fallar

fake, to	fingir
fall asleep, to	dormirse
fall down, to	caerse
fall in love, to	enamorarse
fall, knock down	tumbar
fall, to	caer
fang	colmillo, el
fantasy	fantasía, la
farm, to	cultivar
fascinated	fascinado/a
fat	gordo
fateful	fatídico
fear, to, fearful	temer, temeroso
fearless	intrépido
feat	hazaña, la
feather	pluma, la,
feature	característica, la
field of grain	campo de grano, el
fierce	feroz
fight, battle	pelea, la
fight, to	luchar
figure	figura, la
fill, to	llenar
finch	pinzón, el
finger, toe	dedo, el
fireplace	chimenea, la
firewood	leña, la
fist	puño, el
fit, to	caber
fixate, to	clavar
flag down, to	dar señas
flap, to	sacudir
flee, to	huir
flock	bandada, la
flourish, to	florecer
flow, to	fluir
flowery	floreado(a)
flute	flauta, la
fly, to (flew)	volar, voló
fog	niebla, la
fold, to	doblar
follow along, to	seguir al piso
following	enseguido
fool, foolish	bobo, el, nécio
foot, paw	pata, la
foothill	colina, la
footstep	paso, el
force, to force	fuerza, la, forzar

foreign	extranjero
foremost	primero
forest	bosque, el
forget, to	olvidar
fortify, to, fortress	fortificar, fortaleza
fortune, fate	fortuna, la
fountain	fuente, la
fraction	fracción, la
fragile	frágil
fragrance	fragrancia, la
freeze, to	congelar
frenzy	frenesí, la
frequently	frecuentemente
fright, frightened	asusto, el, asustado
frog	rana, la
fury	furor, el
fuse, to	fundirse

G

gallop, to	galopar
gather, to	amontonar
gentle	manso, suave
get thin, to	enflaquecer
ghost, phantom	fantasma, el
ghostly	espectral
giggle, to	reírse bobamente
give off, to	emitir
glance *n*	mirada, la
glance, to	lanzar una mirada
gleam, to	destellar
gleefully	con alegría
glisten, to	brillar
go to bed	acostarse
goal	meta, la
good-natured	afable
gossip, to, gossip*n*	chismear, chisme
govern, to	gobernar
grab, to	agarrar
grace, graceful	gracia, la, gracioso
grass, pasture	hierba, la
gravely	grave
gravestone	lápida, la
greedy	codicioso
greet, to	saludar
groceries, market	mercado, el
grotesque	grotesco/a

ground	tierra, la
group	conjunto, el
grow, to	crecer
grumble, to	gruñir
guest	invitado(a)
guide, to	guiar
gypsy	gitano, el

H

handicrafts	artesanía, la
handshake	apretón, el
handsome	guapo
hang, to, hanging	colgar, colgado
happen to . . .	por casualidad
happen to notice	darse cuenta
happiness	felicidad, la
hard	duro
harm	hacer daño
harsh	áspero(a)
hate, to hate	odio, el, odiar
have a good time	divertirse
have to do, to	tener que hacer
head	cabeza, la
heal, to	sanar
heart	corazón, el
heartbroken	muerto de pena
heaven, sky	cielo, el
heavenly	celestial
heavy	pesado(a)
heed, to	hacer caso do
heel	talón, el
help, assist, to	asistir
hem (n)	borde, el
herb	hierba, la
hide, to	esconderse
hiding cellar	sótano de escondite
hiding place	escondite, el
hilarious	regocijado
hill	colina, la
hoarse	ronco
hole	agujero
home	habitación, la
hood	capucha, la
hoof	pezuña, la
hop, to	saltar
hope (n)	esperanza, la

horrified	horrorizado
horse	caballo, el
hot	cálido(a),caliente
hover, to	fluctuar
howl, to	chillar
huge	enorme
humble	humilde
humid	húmedo(a)
hunger	hambre, el
hunk	pedazo grande, el
husband and wife	matrimonio, el

I

ice	hielo, el
icicles	carámbono(s), los
ill	enfermo
illness	enfermedad, la
image	imagen, la
imagination	imaginación, la
in full swing	en plena marcha
in order to	para
in search of	en busca de
incapable	incapaz
incessantly	sin cesar
incredible	increíble
incredulous	incrédulo
indifference	indiferencia, la
ingredient	ingrediente, el
inhospitable	inhóspito
inscription	inscripción, la
insert, to	insertar
insist, to	insistir
insolent	insolente
intensively	intentatmente
intrigued, to be	intrigado, estar
invade, to	invadir
inverted	invertido
island	isla, la

J

jar of pickles	recipiente de pepinos
jealous	celoso
jealousy, envy	envidia, la
jewel	joya, la
joke	chiste, el
journey	viaje, el

jubilant	jubilante
juicy	jugoso
jungle	selva, la

K

kill	matar
kind	bondadoso
kind of	uno a modelo de
kingdom	reino, el
kiss, to	besar
knee	rodilla, la
kneel down, to	arodillarse
knit, to	tejer
knock, to	golpear

L

label	marbete, el
lace (n)	encaje, el
laden, to be	cargado
lake	lago, el
land, to	aterrar
landscape	paisaje, el
last, to	durar
late	tarde
laugh, to	reír
laughter outburst	carcajada de risas,la
laughter, gales of	tempestades de risas
lazy	perezoso
leader	jefe, el
leaf, blade	hoja, la
lean, to	apoyarse en
leap, to	saltar
leave, to	salir
leaves n p	hojas, las
leg	pierna, la
lend, to	prestar
liberty	libertad, la
lie, to	mentir, acostarse
life	vida, la
light	ligero(a)
lightning	relámpago, el
listen, to	escuchar
little parrot	lorito real, el
livid	encolerizado

load, to load	carga, la, cargar
lock up, to	encerrar
look for, to	buscar
lost, to lose	perdido/a, perder
lost in thought	ensimismado
loud	alto, ruidoso
love, to be in	enamorado, estar
low	bajo/a
lowliest	lo más bajo
loyalty	lealdad, la
lug, to	traer
lumpy	borujoso

M

macaw	guacamayo, el
mad	furioso
magnificent	magnífico
make fun of, to	burlarse
make mistake, to	equivocarse
make money, to	ganar dinero
mandate	mandato, el
manner	manera, la
mansion	palacio, el
march, to	marchar
marksmanship	puntería, la
maroon	marrón
marry, to	casarse
marvel, to	maravillar
mask	máscara, la
massive	sólido, imponente
master	patrón, el
matter	asunto, el
mattress	colchón, el
meal	comida, la
mean, to	quiere decir
measure	medida, la
meditate, think,to	meditar
meekly	manso, dócil
meeting	encuentro, el
melt, to	desvanecerse
memorable	inolvidable
merit	mérito, el
message	mensaje, el
messenger	mensajero, el
meticulous	meticuloso
midnight	de medianoche

military jacket	chaqueta militar, la
mind	mente, la
mindless	sin pensar
miracle	milagro, el
misfortune	desgracia, la
miss, to	extrañar
missing	desaparecido
mist	neblina, la, vapor
mistaken	equivocado
misty	vaporoso
misunderstanding	desacuerdo, el
mixture	mezcla, la
moan, to	gemir
modest	humilde
money	dinero, el
monkey	mono, el
monstrous	monstruoso/a
moon	luna, la
moonlight	claror de luna, el
Moor	moro, el
motionless	inmóvil
mottled	moteado
mount, to	montar
mountain	montaña, la
mourning	luto, el
mouth	boca, la
move, to	mover
mule	mula, la
murderous	sanguinario
muscle	músculo, el

N

nail, toenail	uña, la
naive	ingenio
narrative	narrativa, la
neck	cuello, el
necklace	collar, el
neglect, to	descuidar
neighbor	vecino, el
neighborhood	vecindad, la
nephew	sobrino, el
nest	nido, el
never	jamás, nunca

nevertheless	sin embargo
nibble, to	picar
nightingale	ruiseñor, el
nighttime	nocturno, noche
nobleman	noble, el
nod, to	inclinar
noise, noisy	ruído, el, ruidoso
nose	nariz, la
notice, to	tomar cuenta de
nun	monja, la
nut	nuez, la

O

oak tree	roble, el
oath	juramento, el
obey, to	obedecer
obliterate	obliterar
observe, to	perceber
obstinate	ostinado
obtain, to	conseguir
offend, to	ofender
offer (n), to offer	oferta, la, ofrecer
offering	ofrenda, la
old woman	anciana, la
omnipotent	omnipotente
on account of	porque
on foot	pie, en
on purpose	propósito, a
on the sly	hurtadillas, a
on the verge of	a punto de
origin	origen, el
ornate	florido
orphan	huérfano, el
outside, outskirts	afuera, afueras
overhear, to	oír por casualidad
overpriced	precio demasiado
overwhelmed	anonado
owe, to	deber
owner	dueño, el

P

pain	dolor, el
painful	dolorido
pale	pálido/a
palm	palma, la
palpitating	palpitante
pant, to	palpitar
pantry	despensa, la
parakeet	periquito, el
parlor	sala, la
parrot	loro, el
partner	compañero, el
party, parties	fiesta, la
passenger	pasajera/o, la,el
passionate	apasionado
path	vereda, la,camino
peace, peacefully	paz, la, en paz
peacock	pavo real, el
pear	pera, la
peek out, to	mirar a hurtadillas
peer, to	fijar la vista
penetrating	penetrante
perceive, to	percibir
perch, to	posar
petal	pétalo, el
petition	petición, la
phrase	frase, la
pickle jar	recipiente de pepinos
picturesque	pintoresco
pierce, to	penetrar
piercing look	clavar la vista
pile, heap	montón, el
pillow	almohada, la
pine tree	pino, el
pipe *(musical)*	pipa, la
pipe for smoking	pipa de fumar, la
pity	lástima, la
place	lugar, sitio, el
plantation	plantación, la
play, to	tocar
playful	juguetón, el
plead, to	suplicar
pleasant	simpático
pleasure, with	placer, con
plumage	plumaje, el
plump	rechoncho, gordo

poise	aplomo, el
poisened	envenenado
poison	veneno, el
poke fun, to	burlarse de
polish, to	pulir
pompous	pompodo
pond	charca, la
porch	porche, el
power	poder, el
powerful	poderoso
pray, to	rezar
predict, to	predichar
presence	presencia, la
present, gift	regalo, el
pretend, to	fingir
previous	anterior
pricetag	tarjeta con precio
prickly pear cactus	nopal, el
pride	orgullo, el
priest	sacerdote, el
prince	príncipe, el
prisoner	prisionero, el
procession	procesión, la
projected	resaltado
promise, to	prometer
prophesy	profecía, la
prosper, to	prosperar
prosperous	próspero
protect, to	proteger
protest	protesta, la
proudly	orgullosamente
pulsating	pulsante
punchline	broche de oro, el
punish, to	castigar
purpose (*n*)	propósito, el
push, to	empujar

Q

quaver, quake, to	temblar
quiet	quieto

R

race, to	correr de prisa
radiant	resplandeciente
radiate, to	radiar
rage, to	hacer furor
rainforest	selva tropical, la
ranch	hacienda, la
rapt	extátivo
raucous	ronco
reach, to	alcanzar
reality	realidad, la
realize, to	darse cuenta
reason	razón, la
reassure, to	asegurar
recall, to	recordar
recognize, to	reconocer
recommend, to	recomendar
refuse, to	negar, rehusar
regain, to	recobrar
regard, to	considerar
regiment	ejército, el
regretfully	lamentable
relaxed, to relax	relajado, relajar
relent, to	aplacarse
relief	alivio, el
remind, to	recordar
reminiscent	tener recuerdos
renowned	renombrado
reply, in	responder
resentment	resentimiento, el
resist, to	resistir
respect, to	respetar
resplendent	resplandeciente
resume, to	recomenzar
return, to	regresar, volver
revenge	venganza, la
reverie	ensueño, el
rifle	rifle, el
road	camino, el,
roar, howl, to roar	bramido, el, bramar
robe	manto, abrigo, el
rock	roca, la, piedra, la
rocking chair	sillón de hamaca
rocky	pedregoso
roll up, ti	arrollarse
roll, to	rodar

roof	tejado, el
root	raíz, la
rot, to	pudrir
rule, to	gobernar
ruthless	cruel
rythm	ritmo, el

S

sack, knapsack	mochila, la
sacrifice	sacrificio, el
sadness, sad	tristeza, la, triste
sailboat	barco de vela, el
sample, to	probar
satisfied, to be	contentarse
satisfy, to	satisfacer
savage	selvage
save, to	salvar
say goodbye, to	despedirse
scale, to	subir
scold, to	regañar
scream, to	gritar
scrumptious	delicioso
sculp, to	esculpir
scurry, to	echar a correr
search, to, to seek	buscar
season	temporada, la
secret	secreto, el
security	seguridad, la
seed	semilla, la
seethe, to	hervir
sell, to	despachar
sense, to	sentir, sospechar
sensuous	sensual
serenade	serenata, la
serpent, snake	serpiente, la
servant	criado, el
settle, to	fijar
shade/shadow	sombra, la
shake, to	agitarse
share, to	compartir
sharp	afilado, agudo
shattered	agitado
sheltered	protegido
shield, to	defender
shine, to	lucir
shiver *n*	escalofrío, el

shiver, to	estremecerse	spreading	extendido
shock	sobresalto, el	spring	primavera, la
shoot out, to	destrozar	spur *n*	espuela, la
shop, to	ir de comprar	spy, to spy	espía, el, espiar
shoulder	hombro, el	square	cuadrado, el
shrewdly	astuto, listo	squeak, to	chillar
shriek, to	chillar	stagger, to	tambalear
shrill	chillón/a	stammer, to	balbucear
shrub	mata, la	stare, to	clavar la vista
sigh, to	suspirar	starve to death, to	morir de hambre
sight	vista, la	stature	estatura, la
sign	señal, el	step *n*	paso, el
signal, to	señalar	step on, to	pisar
silent	callado	stock, to	acumular
silver spur	espuela de plata, la	stop, to, stopped	parar(se), parado
sink, to	dejarse caer	store	almacén, el, tienda
sister	hermana, la	store	tienda, la
site	sitio, lugar, el	storm	tempestad, la
skill	destreza, la	strange, strangely	raro, extraño
skirmish	escaramuza, la	stream	arroyo, el
slender, skinny	esbelto, delgado	streetcat, bum	vagabundo, el
slight	escaso	strength	fuerza, la
smash, to	romper con fuerza	strike, to	golpear
smell, to	oler	string *n*	hilo, el
smile *(n)* smile, to	risa, la, sonreír	string bean	ejote, el
smoke, to	fumar	stroke, blow	golpe, el
smooth, to	ablandar	stroll, to	pasear
snow	nieve, la	strong	fuerte
soar, to	subir muy alto	strut, to	pavonearse
sob	sollozo, el	stubborn	obstinado
soften, to	ablandarse	stuff, to	rellenar
solely	solamente	stuffy	sofocante
solid	sólido	stupid, foolish	bobo
son-in-law	yerno, el	stupor	estupor, el
soul	alma, la	style, to	hacer en estilo
sound, to	sonar	subject	asunto, el
soundly	profundamente	suddenly, sudden	de repente, súbito
space	espacio, el	suffer, to	sufrir
sparkle	destello, el	suffering	sufrimiento, el
sparkling	centelleante	suitor	pretendiente, el
spell *n*	encanto, hechizo	sunny	asoleado
spend, to	gastar	superstition	superstición, la
spider	araña, la	suppliant	suplicante
spin, to	girar	supposed, it is	se supone
spiny	espinoso/a	surname	apellido, el
splotch(es)	mancha(s)	surround, to	rodear
spoil, to	mimar (niño)	survive, to	sobrevivir
spread, to	extender	swallow n	golondrina, la

swamp	marisma, la
sweet	dulce
swift	rápido
swipe *n*	golpe, el
swollen	hinchado

T

take advantage of	aventajarse
take care of, to	cuidar
take out, to	sacar
take shape, to	desarrollarse
tale	cuento, el
talk at length, to	hablar sin para
talon	garra, la
task, job	tarea, la
tasty	sabroso
teach, to (taught)	enseñar, enseñó
tear *(n)*	lágrima, la
tear out, to	arrancar
tenderness	ternura, la
tense	tenso, tieso
terrain	terreno, el
terrified	aterrorizado
terrifying	espantoso
tethered	atado
thick, bulky	grueso, espeso
thicket	maleza, la
thin	delgado
thirst	sed, la
thought *(n)*	pensamiento, el
thoughtlessly	descuidado
thread/s	hilo/s, el, los
threaten, to	amenazar
thrill, to	emocionarse
throne	trono, el
thunder	trueno, el
tie, to	amarrar, amarrado
time stood still	se paró el tiempo
tiny bit	poquito,pequeño
tiptoe	puntilla, la
tired	cansado, fatigado
toad	sapo, el
toe	dedo del pie, el
top, on	encaramado
tortilla factory	tortillería, la
touch, to touch	toque, el, tocar

train, to	entrenar
training	entrenamiento, el
trap, trick	trampa, la
travel, to	viajar
treasure, to	atesorar, tesorar
treat, to	cuidar, tratar
tree	árbol, el
tremble, to	estremecer
trudge, to	caminar
trunk (tree)	tronco, el
trust, to	confiar
truth	verdad, la
tune, to	afinar
turn around, to	voltearse
turn into . . ., to	convertirse
turned backwards	volteado
twist, to, twisted	retorcer, retorcido

U

ugly	feo
unbearable	inaguantable
unconscious	inconciente
understand, to	entender
unforgettable	inolvidable
uniform *(n)*	uniforme, el
unwilling	maldispuesto
urgency	urgencia, la

V

vain, in	en vano
valley	valle, el
value, to	valer
velvet	terciopelo, el
vibrate, to	vibrar
vibration	vibración
view *n*	vista, la
village	pueblo, el, aldea,la
villager	aldeano(a)
vine	enredadera, la
viper	víbora, la
visible	visible
vision	aparencia, la
vivacious	vivaz
voice	voz, la

W

waist, belt	cinturón, el
wake up, to	despertar
walk, long *(n)*	caminata, la
walk, to	caminar
wall	pared, la
waltz	vals, el
wander, to	errar
wardrobe	guardarropas, el
warm	caluroso
warring	hacer guerra
warrior	guerrero, el
wasp	avispa, la
waste	pérdida, la
watch over, to	vigilar
watch, to	mirar
water, drinking	agua potable, el
wave *(n)* , to	ola, la, ondear
weak	débil
wealthy	rico
wear, to	llevar
weary	cansado
weathered	desgastado
wedding	boda, la
weeds	mala hierba, la
weight	peso, el
well-hidden	bien escondido
what it's like	como es, está
whirlwind	torbellino, el
whisper, sigh, to	suspirar
whistle, to	silbar
wife	esposa, la
wiggle, to	menear
will *n*	voluntad, la
wind *n*	viento, el
window sill	repisa de ventana
wings	alas, las
winter	invierno, el
wise	sabio
wistful	pensativo
witchcraft	hechicería, la
wolf	lobo, el
wondrous	maravilloso
wood	madera, la
woodcutter	leñador, el
woods	monte, el

wool	lana, la
wordlessly	sin palabras
worker	labrador, el
world	mundo, el
worry, to	preocuparse
wound	herida, la
wrap, to	envolver
wriggle, to	ondular
wrong	malo, erróneo

Y

yearn, to	anhelar por
yell, to	gritar
yesterday	ayer
young, youth *n*	joven, joven, el
young man	mozo, el

Other titles by Patti Lozano
(Published by Dolo Publications, Inc.)

Music That Teaches Spanish!
More Music That Teaches Spanish!
Music That Teaches English!
Music That Teaches French!
Music That Teaches German!
Mighty Mini-Plays for the Spanish Classroom
Mighty Mini-Plays for the French Classroom
Mighty Mini-Plays for the German Classroom
Mighty Mini-Plays for the English Classroom
Get Them Talking!
Spanish Grammar Swings!

જી

CDs, audio-cassettes, and activity masters
to accompany *Leyendas con canciones*
may be purchased separately

Visit our Web Page:
www.dololanguages.com

For additional information contact:

Dolo Publications, Inc.
12800 Briar Forest Drive #23
Houston, Texas 77077-2201
(281)493-4552 or (281) 463-6694
FAX: (281) 679-9092
Email: dolo@wt.net